本著作为苏州教育改革与发展战略性、政策性课题"地方名人文化进校园的德育实践研究""立德树人视域下'三全育人'机制的实践研究"研究成果

立德树人：知行合一的实践探究

陶华山 著

苏州大学出版社

图书在版编目（CIP）数据

立德树人：知行合一的实践探究/陶华山著. —苏州：苏州大学出版社，2020.12
ISBN 978-7-5672-3404-8

Ⅰ.①立… Ⅱ.①陶… Ⅲ.①德育-教学研究-职业教育 Ⅳ.①G711

中国版本图书馆 CIP 数据核字（2020）第 226386 号

立德树人：知行合一的实践探究

陶华山 著

责任编辑 李寿春

助理编辑 杨宇笛

苏州大学出版社出版发行
（地址：苏州市十梓街1号 邮编：215006）
广东虎彩云印刷有限公司印装
（地址：东莞市虎门镇北栅陈村工业区 邮编：523898）

开本 700 mm×1 000 mm 1/16 印张 15 字数 202 千
2020 年 12 月第 1 版 2020 年 12 月第 1 次印刷
ISBN 978-7-5672-3404-8 定价：55.00 元

图书若有印装错误，本社负责调换
苏州大学出版社营销部 电话：0512-67481020
苏州大学出版社网址 http：//www.sudapress.com
苏州大学出版社邮箱 sdcbs@suda.edu.cn

序

年华似水,叶落纷纷,荏苒时光,多少春花、秋月、夏日、冬雪?

斗转星移,周而复始,匆匆一瞥,多少生活、学习、工作、感悟?

廿载,弹指一挥间。

廿年前,我是意气风发、特立独行、年轻模样。经历岁月的积淀,不变的是对教育的初心。

芳华尽释然。廿年后,我已是不惑之年,循规蹈矩、谨言慎行。翻开旧日的笔记,发光的是对教育的情怀。

拂去时间的灰尘,笔记还依然闪闪发亮。逝去的青春里,曾经有那么炽热、那么相信的东西存在过。

回忆依旧,只是少了几分青涩,多了几分成熟;少了几分忧郁,多了几分果敢;少了几分意气,多了几分沧桑。

细数门前落叶,倾听窗外雨声,涉水而过的声音再次响起,我被雨淋湿的心,是否依旧?

站在空旷的学校操场,炎炎夏日正熏蒸着这座激情燃烧的城市。云一样的思绪,飘过来飘过去,绚丽如霓霞,哀怨如晨雾。日子怎样翻,我就怎样过,随波逐流似乎成了某种自豪。明知年华终将老去，站在青春的尾尖静静眺望，盼望着风的微笑。

廿载真挚的职业教育青春是偶尔滑过的风，不经意间，已吹得我泪流满面。

岁月的河，流出一缕清泉，流出一路芬芳。

年轮的齿，刻画着研究的经纬，拓印着思考的记忆。

春华秋实，朝花夕拾，拾的是硕果。

是的，朝花夕拾的是廿载的春华秋实。立德树人是知行合一的实践，探究八个方面、五个关键词。

关乎立德树人。涉及首创德育品牌——"彩虹德育"践行立德树人的创新实践，涉及工作室——陶华山德育管理名师工作室基于德育管理改革需求的实践研究，涉及共同体——苏州地区职业院校德育管理者专业发展共同体建设实践研究，涉及班主任——基于德育管理者视角的中职学校班主任队伍现状问题及其建议对策。

关乎全员育人。涉及现代职教视野下职业教育全员育人内涵、特点、价值及苏州职业学校德育公益服务项目的设计与实施研究，涉及基于"全员育人"的职业学校德育工作策略研究，涉及为不同的学生设不同的奖项对校园管理的启示。

关乎课程育人。涉及高等职业学校物理实验教学现状、改革思考及实践研究，涉及高职物理实验教学对培养学生的创造性思维的思考与实践研究，涉及高职校物理教学生活化的研究与实践，涉及"思想实验"中的麦克斯韦方程组。

关乎校企合作、现代学徒制。涉及搭建政校企三位一体平台，共育技术技能人才新机制的研究，涉及政校企联动，德知技并重——中职机电类专业人才培养实践的创新研究，涉及基于BBW平台的中外校企合作育人的实践研究，涉及创新现代学徒制，培养物联网产业技能人才的实践研究。

关乎核心素养。涉及基于物理核心素养的实验观察能力的培养实践研究，涉及基于核心素养的幼师物理教材编写建议，涉及基于核心素养的职教德育育人模式和环境的研究，涉及德育学分制在学生管理中的落实与深化及实施中须正确处理的几种关系。

关乎心理健康。涉及中职新生心理筛查与干预策略的实践与研究，涉及"苏北学生在苏州就业心理分析"实验研究。

关乎以文化人。涉及从弘扬"和合文化"看构建和谐学校文化的研究，涉及创新人才培养模式，打造高职文化之校的研究，涉及班主任与校园文化建设的研究，涉及加强学生社团文化建设、创新职校德育模式的研究。

关乎他山之石可以攻玉。涉及作为督导评审专家对无锡机电高职校、江阴市华姿中专校综合督导的意见，涉及对江苏省扬中中专校、启东市第二中专校德育工作的视导报告，涉及江苏省职业院校教学大赛决赛中职物理组专家评审意见。

德

教之道，德为先。五年制高职学生处于从未成年走向成年的人生阶段，这一阶段是其人生观、世界观、价值观形成的关键时期。学校以社会主义核心价值观为引领，结合苏州历史文化氛围浓厚的特色，从"不经历风雨怎能见彩虹"的积极心理暗示出发，融汇学生发展六大核心素养，坚持"德育就是质量"教育观，遵循"小一点、近一点、实一点、精一点、美一点"德育理念，历经数百名班主任、几万名学生近廿年探索实践，凝练打造了德育品牌——"彩虹德育"，培养学生，使其具备适应社会需要的正确价值观、品格和关键能力，架彩虹之桥，走精彩人生！

幸福

从明天起，做一个幸福的人
喂马，劈柴，周游世界
从明天起，关心粮食和蔬菜

立德树人：知行合一的实践探究

我有一所房子，面朝大海，春暖花开

……

每当读海子的这首诗，就被一种说不出的温暖和纯净所包围。每当回想起廿年的职业教育生涯，就有道不明的"从明天起，做一个幸福的职教人"的温暖和自豪！很多朋友问了我同一个问题：做职教老师是不是没有存在感，缺乏成就感，缺失使命感，具有挫败感？我往往改编柏拉图《理想国》的名句作为回答。柏拉图说："教育是把一个人从黑暗引向光明！教育是把一个人从低处引向高处！教育是把一个人从虚假引向真实！"我说："职业教育是把学生从自卑引向自信，从放弃引向坚持，从退缩引向进取，从失败引向成功！"作为教育者，要有大爱之心，要存高远之志，要具高尚之品，要做幸福之人。和学生在一起就是和幸福在一起。

思考

学而不思则罔，思而不学则殆。把时间用在思考上是最能节省时间的事情，思考是我的乐趣之一，因为思考可使阅读的东西成为自己的。廿年来，我发表省级以上论文近50篇，主持或重点参与市级以上学术课题研究项目近20个；主编、参编教材10部，供山东、江苏几十所学校、数万人使用；获全国职业院校信息化教学大赛一等奖（第一名），教学成果获国家二等奖、省一等奖、市一等奖，获国内实用专利发明1项；指导学生获省文明风采大赛一等奖；获江苏省职业学校信息化教学大赛先进个人、江苏省职业教育名师工作室培育对象荣誉称号。关于思考，我的理解是要独立思考，不要人云亦云，不能浅尝辄止，切忌随波逐流，切忌囫囵吞枣。事前的思考是简单的，事后的回想是多种多样的。心要常操，身要常劳！

成长

当明天变成今天又成为昨天，最后成为记忆里不再重要的某一天，我突然发现这就是成长！成长是缓缓流淌的溪流，成长是无尽的阶梯，成长是破茧为蝶。回望来路廿年，从物理教师、班主任、团委书记、工会主席、党办主任、办公室主任、组织处副处长到副校长，从苏州市优秀德育工作者、苏州市优秀共青团干部、苏州市教育系统优秀共产党员到江苏省"333工程"培养对象，从苏州市学科带头人、江苏联合职业技术学院学科带头人、江苏联合职业技术学院优秀教师、江苏省优秀青年教师到江苏省教学大赛评审专家，从苏州市直属学校德育工作高中高职片副片长、苏州市职教学会德育工作委员会副会长，再到江苏联合职业技术学院学工委员会副会长，再到江苏省职业学校德育视导专家，经历过，成长了，自己知道就好。一些事情，当我们年轻的时候，无法懂得，当我们懂得的时候，已不再年轻。成长就像剥洋葱，剥掉一层就会流一次眼泪！

形散神不散

所谓"形散"一是指拙作的内容广泛自由，不受时间和空间限制，涉及廿年来关于全员育人、校企合作、现代学徒制、心理健康、校园文化、核心素养、物理教学、党建工作等方面的钻研和思考；二是指拙作的表现方法不拘一格，有论文、课题、教学成果、调研报告、视导报告、评审意见等，力争用各种风格的文字对职业教育进行诠释，从中折射出思想的火花、思维的结晶、收获的成果。所谓"神不散"一是指拙作要表述的"神"明确而集中，这个"神"就是职业教育；二是指拙作的内容的属性完全相同，都是对教育教学管理的思考，具有教育属性。所谓"形散神不散"的两点局限性。一是拙作中的个别观点受当时历史背景、社会热点、学校现状、师生特点等影响而存在局限性，但它作为一种真实的记录不失为一种历史的记忆；二是拙作中的章节文字大多是发表过的，忠实原文结果导致拙作在框架上、内容上尚有不够缜密之处。

曾经,职业教育不为社会所重视,是一份"路漫漫其修远兮"的寂寞事业。

然而,唯其寂寞,尤为可贵!

习近平总书记在谈及教育工作时,要求教育工作者应有"理想和信念"。

筚路蓝缕的历程见证着苏州职教、江苏职教取得的令人瞩目的成绩——始终居于全国前列,不断创造第一。

本书全方位、立体化、高精度地展现了一个职教人廿年成长的历程,是苏州职业教育、江苏职业教育人才培养的一个缩影、一个窗口。

本书展现了一位教师、班主任、学校管理者以坚定的决心和良好的专业素养,积极探索具有苏州特色、江苏特点的"苏派职教"之路。

本书管中窥豹般展现了苏州职教、江苏职教的实践创新、理论引领、精神激励的部分成果,见微知著,展现了职教人探索研究职业教育如何适应社会、培养更多高素质技能型人才、服务经济社会发展的课题。

弗虑胡获,弗为胡成。

廿载对职业教育的思考和探索成果集萃付印在即,欣喜之情难以言表。

成书过程中,朋友、同事、家人的支持和鼓励给了我勇气、精力和时间认真修改、仔细润色,在此深表谢意!

每个人都是不同的,教育就是让人们找到最适合自己的生活路径。

梳理过往,于我而言,不是终点,而是起点;不是炫耀,而是激励。

序

执着一种精神，
坚守一份初心，
牢记一个使命，
胸有一种情怀，
守望一片麦田！
是为序。

陶华山
农历庚子年七月廿九夜

目录

第一章　立德树人 ………………………………………………… 001
第一节　"彩虹德育"践行立德树人的创新实践 …………… 001
第二节　基于德育管理供给侧改革需求的名师工作室实践研究
　　　　………………………………………………………… 009
第三节　苏州地区职业院校德育管理者专业发展共同体建设的
　　　　实践研究 ………………………………………………… 015
第四节　基于德育管理者视角的中职学校班主任队伍现状、问
　　　　题及对策 ………………………………………………… 049

第二章　全员育人 ………………………………………………… 063
第一节　现代职教视野下全员育人的内涵、特点及价值研究
　　　　………………………………………………………… 063
第二节　现代职教视野下苏州职业学校德育公益服务项目的
　　　　设计与实施研究 ………………………………………… 069
第三节　基于"全员育人"的职业学校德育工作策略研究
　　　　………………………………………………………… 079
第四节　为不同的学生设不同的奖项 ……………………… 092

第三章　课程育人 ………………………………………………… 096
第一节　高职校物理教学生活化的研究与实践 …………… 096
第二节　"思想实验"中的麦克斯韦方程组 ……………… 103

第四章　校企合作　现代学徒制 …………………………… 107
第一节　搭建政校企三位一体平台，共育技术技能人才新机制
………………………………………………………………… 107
第二节　政校企联动，德知技并重 …………………………… 116
第三节　基于BBW平台中外校企合作育人的实践与研究 …… 120
第四节　创新实践现代学徒制，培养物联网产业技能人才 …… 125

第五章　核心素养 ………………………………………………… 130
第一节　基于物理核心素养视域下实验观察能力的培养 …… 130
第二节　基于核心素养视域下幼师物理教材编写建议 ……… 136
第三节　核心素养视野下职教德育育人模式和环境的研究 … 143
第四节　德育学分制在实施中须正确处理的几种关系 ……… 154

第六章　心理健康 ………………………………………………… 163
第一节　中职新生心理筛查与干预策略的实践与研究 ……… 163
第二节　"苏北学生在苏州就业心理分析"实验研究 ………… 176

第七章　以文化人 ………………………………………………… 182
第一节　从弘扬"和合文化"看构建和谐学校文化 …………… 182
第二节　创新人才培养模式，打造高职文化之校 …………… 187
第三节　班主任与校园文化建设 ……………………………… 192
第四节　加强学生社团文化建设，创新职校德育模式 ……… 196

第八章　他山之石可以攻玉 ……………………………………… 206

参考文献 …………………………………………………………… 217

第一章 立德树人

第一节 "彩虹德育"践行立德树人的创新实践

笔者历经20年的探索实践,与学校"彩虹德育"团队以社会主义核心价值观为引领,结合苏州小桥流水水城特色,从"不经历风雨怎能见彩虹"积极心理暗示出发,融汇学生发展六大核心素养,凝练打造了学校自主德育品牌"彩虹德育",与万烨锋、赵益华、杨海波、李顺艳等人一起合作的教学成果《"彩虹德育"践行立德树人的实践与创新》获苏州市教育教学成果奖一等奖。

一、研究背景

党的十九大指出要全面贯彻落实党的教育方针,落实立德树人根本任务,发展素质教育。立德树人,提高学生的思想道德素质是核心任务。五年制高职学生处于从未成年走向成年的人生阶段,处于人生观、世界观、价值观形成的关键时期。然而,部分学生不同程度地存在思想迷茫、理想信念模糊、价值观扭曲、艰苦奋斗精神淡化、心理素质欠佳等问题。面对国内国际形势的深刻变化以及信息网络的普及,做好德育工作,是办好学校的前提,也是落实立德树人根本任务的要求,意义深远。

二、成果简介

学校融合学生发展六大核心素养，历经四位德育分管校长、五位学生处处长、数百名班主任、几万名学生近 20 年的探索实践，坚持"德育就是质量"的教育观，遵循"小一点、近一点、实一点、精一点、美一点"的德育理念，凝练打造了学校自主德育品牌"彩虹德育"，探索培养适应学生终身发展和社会发展需要的正确价值观、必备品格和关键能力，架彩虹之桥，践行习近平总书记提出的"让每个人都有人生出彩的机会"。

三、主要成果

（一）坚持立德树人，建立彩虹德育管理模式

学校从两个校区、校系二级管理实际出发，遵循扁平化同心圆式现代管理理念，按照"系部为主，处室服务"原则，探索建立了"彩虹管理模式"（图 1-1），使得管理重心下移、管理岗位前

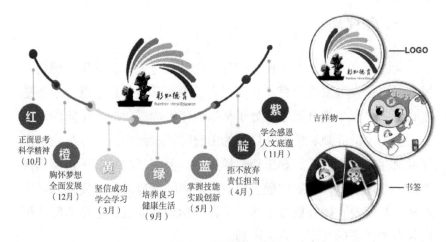

图 1-1　彩虹管理模式

移,为实现"结构合理、责权清晰、分工协作、精干高效"的德育管理目标提供了强有力的组织保障。同时,以苏州市名师工作室——"陶华山德育管理名师工作室"为引领,充分发挥工作室"共同体、孵化地、辐射场"功能,进一步丰富了"彩虹管理模式",工作室已成功孵化了目前苏州大市职业学校唯一一个名优班主任工作室——沈丽班主任名师工作室。

(二)聚焦"四力",加强彩虹德育队伍建设

"彩虹德育"聚焦德育干部领导力、班主任执行力、学生"三自"管理能力,形成家、校、社育人合力,激发德育队伍建设的内生创新力。

1. 德育干部队伍

"彩虹德育"以"工作专业化、管理服务化、育人攻心化"为工作理念,通过每周一的德育干部例会,每学期的德育干部工作研讨会,每学年的德育管理能力提升培训班,探索打造"工作有声有色、团队有情有义、生活有滋有味"的彩虹德育管理团队。

2. 班主任队伍

队伍是关键,班主任是核心。经过多年的打造,"彩虹德育"班主任嘉年华活动内容丰富:延续革命传统(红)——青蓝工程"传帮带";谱写教育温度(橙)——"彩虹之约"班主任沙龙;提升幸福指数(黄)——苏高职"彩虹之星"颁奖典礼;展示育人魅力(绿)——主题班会公开观摩课;加强团队凝聚力(蓝)——班主任素质拓展、搭建出彩平台(靛)——班主任基本功大赛;引领理论学习(紫)——班主任专业能力培训。2018年,"彩虹之星"颁奖典礼首设"苏高职彩虹十佳班主任"奖项,优中选精,树立班主任榜样。

3. 学生干部队伍

学校以劳动礼仪服务队、文明素养督查小队、"三自学生管理队伍"等为载体,开展了学生"自我管理、自我教育、自我服务"三自管理活动。学校组织开展各类青年志愿者服务活动,传递爱心

与奉献，丰富学生社会实践能力，"走进社区，实践技能""青春与雷锋同行"等系列志愿活动获得了社会各界好评。同时，学校结合职校生心理特点，创新开展了"朋辈心理辅导"活动，目前已开展5次"朋辈辅导员"专项培训，发展了近百名朋辈辅导员，开展朋辈心理辅导数百人次。

4. 家、校、社形成合力

学校教育和家庭教育、社会教育相辅相成。学校在传统家校社沟通基础上，充分利用现代化通信工具，加强沟通、形成育人合力。学校连续三年，在"彩虹之星"颁奖典礼中，设置"苏高职彩虹好家长"奖项，对在教育孩子、支持学校德育工作方面表现突出的家长进行奖励。学校还创新举办了"苏州好家长"座谈会暨分享直播活动，分享育儿经验，加强沟通交流。截至目前，学校是苏州市唯一一所荣获"苏州市中小学家庭教育课程项目学校"称号的职业学校，并被苏州市妇联、苏州市教育局联合授予"苏州市优秀家长学校"称号。

（三）开发模块化资源，建设彩虹德育课程

学科教学中蕴藏着丰富的德育资源。"彩虹德育"探索建立了全员、全程、全方位育人体系，把德育课程建设和课堂教学作为德育工作的主阵地，将德育资源贯穿于课堂教学的全过程。学校依托"陶华山德育管理名师工作室"，整合学校已有德育资源，结合学生特点，建设了"彩虹德育"特色资源库。近年来，"彩虹德育"工作团队主编职业学校德育方面教材近十本，《心理健康教育》《中国传统文化教程》《应用文写作》《新生入学教育》《安全教育读本》《学生礼仪》《职业生涯规划与职业指导》《职校家校合作育人100问》《职校班主任工作100问》等，已由中国商业出版社、苏州大学出版社等出版，在山东、江苏、贵州、海南等近百所职业院校供数万人使用。同时，"彩虹德育"整合资源，打造了"特异学生教育、班主任科教研能力、班级德育、安全教育、班级常规管理和班集体建设、班主任休养、沟通技巧"七个模块的"彩虹班主任"培训课程，并以苏州市职教学会德育工作委员会的名义每学年在苏州大市开展班主任能力素养提升培训班，截至目前已开展五批次，近千名班主任参加了学习。

（四）基于"三个层面"，开展彩虹德育评价

1. 德育学分制

"德育学分制"是"彩虹德育"评价体系的重要组成部分。自2001年起学校开始探索"德育学分制"新型学生考核评价制度，将德育内容和环节学分化、德育过程和成果成绩化、德育教学和实践一体化、德育管理和评价服务化。经过近18年的实践创新，学生自我教育、自我管理、自我服务的自觉性和实效性良好。先后有上海、辽宁、山东、海南等地及苏州本地学校来访，共同探讨德育学分制的实施情况。《光明日报》《苏州日报》《中华素质教育文库》《苏州德育研究》等先后报道、收录了学校德育学分制的实施情况。

2. 文明素养培育工程

文明素养培育是培养学生良好行为习惯和提高思想道德素质的重要途径，是推进学校"彩虹德育"的重要环节。学校采取多种形式，以"文明素养卡"为抓手，针对学生学习、生活、技能、社团、社会实践、志愿服务等各个方面，全面开展文明礼仪教育，引导学生在生活中不断体验和感悟，并主动践行，引导学生逐步把文明礼仪要求内化为个人修养和行为习惯。

3. 校系德育二级评价

结合校系二级管理实际，"彩虹德育"创新开展了校系德育工作二级评价，注重过程性、精细化评价，即处室评价各系部德育工作开展情况，系部按照自身特点，再评价班主任工作开展情况。此种评价模式方向一致、和而不同、灵活细致，保障了德育工作的精细化管理和科学性评价。

（五）坚持科研引领，彩虹德育科研成果丰硕

理论指导实践，"彩虹德育"团队十分重视科研引领。近年

来，团队开展了关于全员育人、中外合作育人、心理健康教育、家庭教育等德育课题研究，完成国家级课题3项，江苏联合职业技术学院立项课题5项，累计省级及以上课题近20项，市级课题近30项，在省级及以上刊物发表论文257篇，成功编印《守望幸福》德育论文集和《心香如故》德育案例集2部作品。

四、成果创新

1. 创新打造了"彩虹德育"品牌

"彩虹德育"品牌通过"彩虹7原理"引领学生"胸怀梦想、正面思考、坚信成功、培养良习、掌握技能、拒不放弃、凡事感恩"，定制"文明素养卡"、发展学生社团、建立创业创新教育基地、打造学生素质拓展平台，使德育内容与学生专业特点互补，激发学生内心积极动力，以实现立德树人根本任务。

2. 创新建立了"彩虹德育"管理模式

"彩虹德育"管理模式使得德育管理重心下移、德育管理岗位前移，从宏观、微观层面，把国家方针政策，与人的身心发展规律相结合，从全员、全程、全方位育人格局出发，把培养德育队伍和整合校内外资源相结合，从德育内容、途径、实效等方面，把教育规范与育人规律相结合。

3. 创新开展了"彩虹德育"特色活动

"红色教育超市"，培育学生爱国主义情怀，获苏州教育"十大创新案例"；"我给班主任画张像"，呈现最美师生关系，获苏州教育"十大创新案例"；"职校生涯规划"，定制未来发展，引领学生成长成才成功；"彩虹之星评比"，选树身边榜样，变激励为管理；"百团大战"，丰富学生社团，释放青春正能量；"彩虹班主任节"，展教师风采，提升职业幸福感。

五、成果应用

1. 资源应用广

"彩虹德育"团队主编的《心理健康教育》《中国传统文化教程》《安全教育读本》《学生礼仪》《职校家校合作育人100问》《职校班主任工作100问》等教材、书籍,已在山东、江苏、贵州、海南等地近百所职业院校供数万人使用。

2. 模块化课程受众广

"彩虹德育"团队打造的"特异学生教育、班主任科教研能力、班级德育、安全教育、班级常规管理和班集体建设、班主任休养、沟通技巧"七个模块的彩虹班主任培训课程,已在苏州大市开展班主任培训班五批次,近千名班主任参加了学习。

3. 德育学分制影响面广

"彩虹德育"团队首创的德育学分制评价体系,先后吸引上海、辽宁、山东、海南等省市学校及省内兄弟学校前来学习交流,《光明日报》《苏州日报》等先后进行了报道。

4. 孵化有成果

江苏省名师工作室"陶华山德育管理名师工作室"已成功孵化出了目前苏州大市职业学校唯一一个名优班主任工作室——沈丽班主任名师工作室。

5. 大赛成绩丰硕

近三年,"彩虹德育"团队指导4名老师获全国班主任基本功大赛一等奖,其中2018年获得2个综合一等奖、5个单项第一名和江苏代表队团体全国第一名的好成绩。

六、社会影响

"彩虹德育"受到了德育专家及兄弟学校、社会、家长和企业的广泛肯定,成为江苏联合职业技术学院树立的典范、苏州市德育工作分析的样本,吸引了北京、山东、广东、辽宁、浙江、上海、海南、内蒙古、贵州等省、自治区、市代表团及近百所苏州兄弟院校代表团前来参观考察学习,产生了良好的社会影响。学校多次受邀派出教师代表在省内外,包括江苏联合职业技术学院学指委、德育干部(校长)培训班在内的各级各类会议上就"彩虹德育"进行经验介绍,参加座谈交流数十次。学校获得了全国文明风采大赛优秀组织奖、全国青少年学生法治知识网络大赛优秀组织奖、江苏省职业学校德育特色校、江苏省职业学校德育工作先进校等荣誉。

在我们的实践与创新中,学生的发展是沉甸甸的硕果。我们有为了城市文明,每天志愿协勤指挥的"三香路最帅协勤哥"马其开同学;我们有登上"全国学联",在人民大会堂发言的校学生会主席潘佳壮同学;我们有在寒风中苦等失主,用少年的赤诚之心温暖苏州游客的"最美拾遗者"江木子涵同学……《新华日报》《光明日报》《苏州日报》《姑苏晚报》《城市商报》、苏州教育电视台、苏州新闻综合频道、中国教育新闻网、中国文明网、名城苏州、苏州广播电台等主流媒体进行了报道。社会上有个别的人戴着有色眼镜看我们的学生,认为他们是中考的"失败者"、学习的"后进生",但在"彩虹德育"的浸润下,这些所谓的"失败者""后进生"化茧成蝶、浴火重生、出彩成功!

第二节 基于德育管理供给侧改革需求的名师工作室实践研究

立德树人，是德育工作的主旨及核心，德育工作需要名师团队的引领，以丰富德育管理内涵，服务师生的共同成长。苏州高等职业技术学校"陶华山德育管理工作室"，在现代职教视野下，结合德育管理供给侧改革要求，立足职业学校德育管理体系，发展名师引领，丰富德育内涵建设的实践研究，在德育管理的时效性及实效性方面，取得了良好的效果。

根据《苏州市中等职业学校名师工作室建设与管理实施意见（试行）》的精神，结合《江苏省中等职业学校名师工作室建设标准（暂行）》，苏州高等职业技术学校"陶华山德育管理名师工作室"自2013年9月创建以来，遵循"立足学校、服务苏州、影响江苏、辐射全国"的建设思路，围绕立德树人根本任务，结合职业学校德育管理治理体系和治理能力现代化建设，结合德育管理供给侧改革要求，注重规范建设、名师引领，注重良性运行、经费保障，注重积淀成果，在德育管理方面取得一定的成效。

一、规范建设、名师引领

工作室组织健全、分工明确、成员优秀。为了便于开展研究管理工作，工作室设在学校服装工程系，面积近百平方米。工作室下设一室（办公室）五组（设计组、制度组、宣传组、材料组、业务组）三中心（班主任研究中心、心理健康研究中心、德育信息化研究中心），各成员分工明确、各司其职、制度完善。工作室现有成员20人，外聘专家3人，成员中具有硕士以上学历的8人，具有高级职称的8人，35岁以下青年教师10人，工作室成员涵盖了学校德育工作中四个层次的管理者：班级管理者，即班主任；系部管理者，即系部德育主任；学校管理者，即学生处；德育课管理者，即德育中心组教研组长，他们都是学校德育管理的中坚力量。近三年来，工作室成员获得国家级表彰 10 余人次、省级表彰 20 余人次、市级表彰 50 余人次。2013 年至今，工作室成员指导学生参加全国、省、市文明风采大赛，获得市级以上奖项的有近百人次，学校连续三年荣获"全国文明风采竞赛优秀组织奖"。

领衔人陶华山副教授，毕业于华东师范大学，获教育硕士学位，从事职业学校德育管理工作近 20 年，曾任苏州高等职业技术学校副校长，是江苏省"333 工程"培养对象、江苏联合职业技术学院学科带头人、苏州市学科带头人、苏州市优秀德育工作者，在全国核心期刊发表专业论文 3 篇、省级以上刊物发表德育论文 10 余篇，主持和参与国家、省市各级各类德育课题 10 余个，开设大市级以上德育公开观摩课 8 节，主编德育教材 4 本，被授予江苏省优秀青年教师、江苏联合职业技术学院优秀教师、苏州市优秀共青团干部、苏州市教育系统优秀共产党员等荣誉称号，兼任江苏省职业学校德育视导专家、江苏联合职业技术学院学生工作指导委员会副会长、苏州市直属学校德育工作高中高职片副片长、苏州市职教学会德育工作委员会副会长等社会职务。

二、良性运行、丰富内涵

（一）顶层设计，引领运行

第一，工作室室徽（图 1-2）体现师生间的和谐，象征着教师的循循善诱，学生的孜孜不倦。第二，工作室室训为"乐育英才"，意为快乐地育人，快乐不仅是一种工作态度，更是一种生活哲学和人生智慧。第三，工作室室风为：合作、共享、提升、引领。合作即合作学

图 1-2　工作室室徽

习、合作教研、合作育人；共享则为共享资源、共享经验、共享理念；提升指的是提升素养、提升能力、提升水平；引领具体包含引领班级管理、引领德育队伍建设、引领区域德育工作提升。第四，《易经》乾卦曰："君子以成德为行，日可见之行也。潜之为言也，隐而未见，行而未成，是以君子弗用也。"苏联教育家马卡连柯说："爱是教育的基础，没有爱就没有教育。"引申到教育即为，爱是教育的灵魂，爱是教育的支点，因此，工作室的精神为：成德为行、育人于心、爱为支点、出彩人生。第五，工作室的指导思想是：贯彻落实十九大精神，主动对接国家、省和苏州教育改革发展纲要精神，围绕苏州职业教育"抓改革、强内涵、提质量、促发展"的工作思路，以立德树人为根本，以社会主义核心价值观为引领，以大数据时代互联网思维为背景，以破解中职校德育瓶颈问题为研究核心，以团队建设为主线，以德育名师培养为方向，以共同体为组织形态，以"线块结合高点位"式培养为主要模式，以提高教育境界和促进专业发展为目标，紧扣一个"实"字，查实情、用实功、出实招、办实事、出实效，充分发挥工作室"共同体、孵化地、辐射场"的功能。第六，工作室实行以"阶段切割、目标定向、项目驱动、课程引领、自主评价"为主要内容的过程性管理的管理模式；工作室实施"线块结合高点位"式培养的运作模式，实施针对学校校系的二级德育管理体制，工作室探索"学校德育+系部管理"线块结合高点位式培养模式，强调高端培养、高位点金、高效发展、高质运作。第七，工作室预设发展成果。成果呈现形式：论文、课题、案例集、校本课程以及公开课、沙龙、研讨会、报告会等；培养若干在学校德育管理各领域有影响力和辐射力的"德育名师"或"班主任名师"；研制开发一套具有苏州职业学校特色的市级德育管理（班主任工作）共享课程，解决现代学校德育工作的专业化和规范化问题；培育具有苏州区域特色且能辐射全市的德育管理（班主任工作）科研成果，为行政决策提供建议，强调和提升对区域德育工作的贡献度。

（二）规划目标，驱动运行

工作室坚持目标驱动。工作室以成员能力提升为重点，坚持"德育就是质量"的管理观，围绕促进"人的发展"（工作室成员的发展、学生发展）为中心，坚持"小一点、近一点、实一点、精一点、美一点"的务实工作理念，分析研究德育管理现状、完善德育管理制度、探索德育管理实践，切实提高德育管理工作的主动性、针对性、时效性，明确工作室三年规划，做到有计划、有总结、有考核、有反馈、有整改。工作室的显性目标为：用一至两年的时间，将工作室创建成江苏省名师工作室。隐性目标为：将工作室打造成德育管理的研究中心、活动中心、发展中心、学习中心。以工作室为载体，有计划有步骤培养和发展工作室成员，助其成为德育管理某一领域的名师。

（三）科学管理，经费保障

工作室从制度管理、人文管理出发，实施科学管理。工作室制定完善了例会、考核、学习研讨、档案管理、经费使用等制度。同时加强经费管理，合理分配绩效，自2013年以来，投入近20万元用于工作室的设计装修，购买iPad等信息化设备，购买杂志、期刊等资料以及组织成员学习培训等。同时，工作室建有自己的网站、QQ群、微信群等。

三、积淀成果、服务发展

（一）理论成果

1. 工作室坚持科研引领

近3年来，工作室成员在省级以上期刊发表论文近50篇，作为主持人开展了十余个市级以上课题研究工作。领衔人陶华山副教授主持开展了5个关于全员育人、中外合作育人、心理健康教育、家庭教育等德育管理方面的课题，其中国家级课题2个，省级课题1个，苏州市战略性、政策性课题2个。工作室其他核心成员主持或参与国家级、省市级课题研究多项，取得丰硕成果。

2. 工作室研究成果

工作室成员注重将研究成果进行总结，近3年来，共编写德育管理方面的各类教材等近10本，其中领衔人陶华山副教授主编了职业学校通用教材《心理健康教育》《中国传统文化教程》《应用文写作》《新生入学教育》等，于近期由中国商业出版社出版，已在山东、江苏等省的几十所职业院校使用。

（二）实践成果

工作室以项目为载体，积极参与省、市及学校的德育管理工作，形成了一批工作室实践成果。

1. 省级项目

一是工作室在江苏联合职业技术学院学生工作管理处的指导下，起草了《江苏联合职业技术学院德育名师工作室评选标准（讨论稿）》《江苏联合职业技术学院思想政治教育课教学协作委员会章程（讨论稿）》《江苏联合职业技术学院2016年度"学生管理和教育研究"课题指南（讨论稿）》等文件。二是工作室承担了江苏联合职业技术学院首批优秀班主任的评选工作。三是领衔人陶华山同志作为江苏联合职业技术学院学生工作指导委员会第三分会（以下简称"联院学指委第三分会"）副会长，组织召开联院学指委第三分会德育和学生管理研讨会。四是工作室联合扬州技师学院，以大数据时代为背景，在省内创新性地探索开发共建共享德育资源云平台，开发包括微课、专家视频讲座、微电影、互动教学情景剧、仿真实训、严肃游戏、作业与试卷、延伸阅读、拓展实训等类型的德育数字媒体资源库，开发以社会主义核心价值观、德育相关课程为主要内容的系列信息化德育资源。

2. 市级项目

在苏州市教育局高等教育和职业教育处领导下，一是工作室组织开展了为期5天的苏州市职业学校班主任能力素质提升培训班，来自苏州大市的十余所兄弟院校二百多位班主任参加了此次培训，反馈效果良好。二是工作室结合苏州特点，提炼了"德若水之源，至善以育人"的苏州职教德育理念，探索苏州职业教育德育顶层设计问题。三是工作室参与起草了苏州市《关于进一步加强全市职业学校德育工作的指导意见（讨论稿）》，该文件经专家修改于2016年4月印发，探索如何进一步规范管理职业学校德育工作的问题。四是工作室牵头联合兄弟学校德育管理者，开展全员育人课题研究工作，深入探究学校、家庭、企业、社区等在德育工作中的地位和作用，探索解决全员育人机制体制理论构建问题。

3. 学校项目

在工作室的设计引领下，学校凝练了"一二三四五"德育工作理念，树立了"彩虹德育"品牌。学校德育工作得到了江苏联合职业技术学院领导和德育专家，北京、山东、广东、贵州等省市兄弟学校，以及社会、家长、企业的广泛肯定，成为被分析的样本，学校被授予江苏省德育特色学校、江苏省德育工作先进集体等荣誉称号。

（三）品牌活动成果

工作室坚持"围绕学校德育工作、服务学校德育工作、融入学校德育工作"的大德育观，以活动设计为切入点，以打造德育品牌师资、德育品牌团队、德育品牌学生等为主要内容，设计开展了"德育学分制""红色教育超市""我为班主任画张像""学校奥斯卡——校园之星系列评比""百团大战——学生社团联合会""职校生涯规划""模拟法庭""十八岁成人仪式""文明素养培育工程"等在全省有较大的影响力和辐射力的德育品牌活动。全部由学校学生自编、自导、自演的正能量励志微电影《青春单行线》在工作室的引领下诞生，截至目前，网络点击量已近百万，跟帖量达到数万。

（四）辐射推广成果

工作室的良性发展和平台建设，给工作室各成员的快速成长提供了肥沃土壤和阳光雨露。工作室领衔人陶华山副教授作为江苏省职业学校德育视导专家前往南京工程高职校、南通卫生高职校、海门中专校、句容中专校、扬中中专校、启东二中专校、溧水中专校对省内十余所职业院校进行德育视导，受邀在2016年江苏联合职业技术学院院务会议上做报告，并前往扬州技师学院等院校，就工作室及学校的德育管理工作进行交流。陶华山还陪同江苏省教育厅原副厅长杨湘宁前往海南与海南民族技工学校等近10所职业院校的师生进行经验交流。他开设的苏州大市德育公开课，受到了听课专家和教师的一致好评。工作室成员获得市区学科带头人、全国文明风采指导教师、市优秀德育工作者、周氏德育奖金等各类奖项。同时，工作室组织学生积极开展"职业教育活动周"活动，前往苏州狮山街道、玉兰社区等地参加志愿者活动，受到居民的热烈欢迎和高度赞扬。

工作室工作作为学校德育工作的组成部分，吸引了北京、广东、辽宁、浙江、上海等省市职业学校代表团及苏州兄弟院校前来参观学习，收获了良好的社会评价。

总而言之，名师工作室还是一个新生事物，在体制机制、管理服务、队伍建设、科研教学等方面还有许多理论和实践问题需要研究，"陶华山德育管理工作室"的各位同人将多思考、多研究、多实践、多探索，努力将工作室建设成为名师展示的舞台、骨干培养的基地、教学示范的窗口、科研兴教的引擎和德育改革的试验田！

第三节 苏州地区职业院校德育管理者专业发展共同体建设的实践研究

"共同体"最初是一个社会学概念。斐迪南·滕尼斯（Ferdinand Tonnies，1855—1936）在1887年出版的《共同体与社会》（*Community and Society*）中论及共同体时强调的是人与人的紧密关系，以及一种共同的精神意识和价值观念所产生的团体归属和认同。学习共同体是指由具有共同信念、共同目标的学习者及其助学者（包括教师、专家、辅导者等）共同构成的团体。成员在知识共享和相互支持的基础上，通过交流、协作、反思等活动，形成相互影响、相互促进、相互竞争的人际关系，最终促进个体的成长，以实现有意义的学习。

2017年1月至2018年12月，领衔人陶华山与张家港中等职业学校孙华副校长、苏州市评弹学校副校长朱静华、常熟高新园中等专业学校副校长周新、太仓中等专业学校副校长杜艳红、苏州建设交通高等职业技术学校学生处副处长汪丽丽、苏州工业园区工业技术学校团委书记冯恒莉等同志一起开展了江苏省职业教育教学改革研究课题"苏州地区职业院校德育管理者专业发展共同体建设的实践研究"的研究工作，并顺利结题。

一、研究目的和意义

（一）研究目的

本研究结合职业学校德育管理者专业发展的实际需要，通过德育管理者专业发展共同体这个载体，采取以更加高效、务实的集体培训和个人研修相结合的方式，通过交流研讨、科研指导、理论引领、实践锻炼、个案研究等途径，提高共同体成员的整体专业发展水平。构建个人自我发展与外部条件相互沟通，理论教育与实践教育紧密结合，专业知识、专业精神与专业能力培养融为一体的，具有鲜明实践意向的德育管理者专业发展共同体运行机制，使共同体成为德育管理干部专业发展的现实推动力。研究发挥共同体的引领、示范、辐射、服务作用，由点及面，带动各职业院校自身的德育和校园文化建设创出特色，为政府和教育管理部门出台相关政策建言献策，促进苏州职业教育德育工作创新发展。

（二）研究意义

1. 理论意义

一是以德育理论、共同体学习理论为基础，结合教师专业阶段发展理论、有效学习理论等，以德育管理者专业化发展为目标，构建德育管理者共同体运行体系的理论基础。二是参与研修项目管理，将德育管理者共同体运行体系付诸实践，有助于进一步丰富此体系的理论内涵，使其逐步趋于完善，从而为职业学校其他德育共同体体系的开发与改进提供理论支持。

2. 实践意义

一是形成良好的德育工作氛围：职业院校德育管理者专业发展共同体是一个新型的共同体组织，旨在共同研讨职业院校德育存在的问题，总结学校的德育经验，提炼学校德育特色，打造良好的学校德育工作氛围。二是搭建德育实践研究的平台：以职业院校德育管理者专业共同体为核心；遵循换位思考、彰显特色，协作交流、有机整合，共建共享、机制保障，主题引领、持续发展，锻造品牌的建设原则；通过特色交流式、主题探讨式、师资互训式、嵌入发展式等协作方式，展开富有成效的职业院校德育交流活动，探索德育教师的上岗培训制度，力求打破德育管理和学科建设间的壁垒。三是发挥示范与引领作用：苏州德育职业院校德育管理者专业发展共同体的建立及运作是推进苏州市职业教育发展的创新举措，为树立苏州职业院校德育工作品牌，为苏南地区职业院校的德育工作提供示范和引领。

二、核心概念

德育：广义的德育指所有有目的、有计划地对社会成员在政治、思想与道德等方面施加影响的活动，包括社会德育、社区德育、学校德育和家庭德育等方面。狭义的德育专指学校德育。学校德育是指教育者按照一定的社会或阶级要求，有目的、有计划、系统地对受教育者施加思想、政治和道德等方面的影响，引导受教育者积极地认识、体验与践行，使其具有社会所需要的品德的教育活动，即教育者有目的地培养受教育者品德的活动。

职业学校：本课题研究的职业学校主要是指中等职业学校及五年制高职学校，招生对象是初中毕业生和与初中毕业生具有同等学力的人员，中等职业教育是在高中教育阶段进行的职业教育，也包括部分高中后职业培训，目前是我国职业教育的主体。其定位是在义务教育的基础上培养大量技能型人才与高素质劳动者。中等职业学校在对学生进行高中程度文化知识教育的同时，根据职业岗位的要求有针对性地实施职业知识与职业技能教育。

共同体：共同体的概念历史悠久，最早可追溯到古希腊。古希腊城邦是最本源意义上的共同体，古希腊城邦是一个空间概念，是神庙和公众聚会的广场所在地，它不是近代意义上的国家，而可以说是有共同信仰者的团体，城邦的公民就是共同体的分享者，他们信仰同一个神。个人只有进入城邦并参与城邦的祭祀活动，才能取得公民资格。城邦是共享者参与其中的空间，是人的本质实现的场所。共同体最初是一个社会学概念。斐迪南·滕尼斯在1887年出版《共同体与社会》时，所指的共同体强调的是人与人的紧密关系，表达的是一种共同的精神意识和价值观念所产生的团体归属和认同。然而，共同体概念的历史演变，不仅与特定时代的背景相关，还有其自身的理论脉络。在当代，共同体的概念得到了极大的扩展，并且，在不同语境和话语体系下，人们对共同体的认识和理解往往难以达成一致。有关对共同体的定义和理论内涵的解释，都极具多样性。本课题主要研究对象为德育管理者专业发展共同体，故这里的共同体主要指"学习共同体"。美国西南部教育发展实验室所进行的创建与改进共同体研究项目把专业学习共同体特点归纳为5个方面：共享价值观与愿景、集体学习与实践、分享实践经验、提供支持性条件、相互支持和共同领导。克鲁斯提出了专业学习共同体的5个要素：反思对话、关注学生的学习，教师之间的互动、合作、共同价值观和规范。学习共同体是指由具有共同信念、共同目标的学习者及其助学者（教师、专家、辅导者等）共同构成的团体。成员在知识共享和同伴支持的基础上，通过参与交流、协作、反思等活动，形成相互影响、相互促进、相互竞争的人际关系，最终促进个体的成长，以实现有意义的学习。

三、研究基础

（一）理论研究基础

1. 共同体理论

共同体的概念引入教育领域出现了"学习共同体"的概念。"学习共同体"，是指一个由学习者及其助学者共同构成的团体，他们具有共同的目标，经常在一定支撑环境中共同学习，分享各种学习资源，进行相互对话、交流和沟通，分享彼此的情感、体验和观念，共同完成一定的学习任务，并对这个团体具有很强的认同感和归属感。一个班级可以看作一个学习共同体，学校可以看作一个更大的学习共同体，而班级中的小组也可以看作小型的学习共同体。地市、区县教育局也可以将所辖的中小学，甚至幼儿园组织起来形成较大范围的学习共同体。借助网络，还可以形成全国，甚至世界范围的，跨越不同行业、专业，不同学科领域的学习共同体。

学习共同体思想在教育中的应用有了新的发展，不仅关注如何在学校层面建设适合学习共同体，而且关注如何在社会层面建设适合学习共同体发展的共同体环境。最近，学习共同体理论和实践有了蓬勃的发展，成为教育界，乃至整个社会关注的话题。这主要因为整个社会教育理念的变更，以及社会建构主义学习理论的发展和完善，也有经济学界、社会学界对于"学习型组织"发展的重大贡献。学习共同体理论的产生和发展，有着未来学家的重大贡献。因为学习共同体理论的主要依据是教育理念的变更：由教育向学习的转移。这种转变主要来自经济、社会的快速变革和发展以及教育目的、目标和职能的变更。

2. 德育管理理论

德育管理属于教育管理范畴,就其本质而言,教育管理就是对教育系统中的人力、财力、物力等资源,进行计划、组织、控制,使其合理组合,协调运转,从而有效地实现教育系统组织目标的过程。教育管理的终极目标就是要提高教育效果,实现教育目标。从具体的德育管理来讲,"德育管理,是根据德育的性质和任务,在一定的环境条件下,通过预测、决策、计划、组织、指挥、协调、控制、评价,有效地组织、调动和利用校内外各种德育力量和相关要素,形成德育合力和整体优势,提高德育效果,实现德育目标的过程。"德育管理者要提高管理能力就必须掌握德育管理的知识、技能,以及专业认知、行为、态度、道德等。"依据教师专业结构,教师专业发展可有观念、知识、能力、专业态度和动机、自我专业发展需要意识等不同侧面。"

德育管理者在掌握专业管理知识的同时,也必须认识到,教育管理、德育管理是有别于传统意义上的管理的。陈孝彬在这方面有着精辟的论述,他概括了教育管理四点特殊性:一是管理育人。教育管理通过构建良好的育人环境来为教师和学生服务。每个教育管理者不仅是管理人员,同时也是教育者。学校中的一切规章制度、工作条例、各种活动也都具有教育意义。二是教育管理的中心任务是提高教育质量。学校的教育质量是学校管理水平的综合体现,而教育质量是全体教职工共同创造的结果。三是办好教育的关键在于调动教职工的积极性和创造性。教育管理者的主要任务就是全心全意地依靠教职工,把他们智力和体力的潜力充分开发,为发挥他们的智慧和才能创造机会和条件,消除影响教职工积极性、创造性发挥的各种障碍和矛盾。四是教育管理主要是解决教育、教学过程中的矛盾和问题。教育事业只有在解决矛盾的过程中才能获得发展。

(二)保障条件

1. 苏州市教育局与苏州市德育工作委员会的支持

德育工作是职业教育的重要组成部分,而德育干部管理能力更是决定德育工作成效的重要因素。苏州市教育局重视职业学校德育工作，希望通过培养一批具有较强管理能力和较高业务水平的德育干部，提升职业学校德育工作成效。

2. 有一支年轻的、创新型的德育干部队伍

苏州率先在大市范围内成立了德育干部共同体，由来自全市27所职业学校的27名从事德育工作的一线年轻德育干部组成，形成了浓郁的学习研究创新氛围。

3. 经费保障

苏州市教育局和共同体成员所在学校为课题研究提供充足的经费。包括资料的添购、外出培训、专家指导、鉴定、成果印刷出版等费用。

4. 本课题组的主持人有较丰富的研究经验

陶华山是苏州高等职业技术学校原分管德育副校长，现任苏州幼儿高等师范专科学校分管德育副校长，其他核心成员是各职业学校分管德育副校长或学工处处长、团委书记等一线德育工作者，全部具有大学本科以上学历和中学高级、中级教师职称，多人先后承担并圆满完成国家级、省级、市级的课题研究任务，其论文多次在国家各类评比活动中获奖，并有多篇论文在报刊书籍上发表。课题组还将聘请城市教科所科研人员担任课题研究的顾问，组建由教育专家、学校领导、教学教研主管、学科带头人、优秀教师组成的科研群体。确保课题研究得到科学、协调、顺利的实施。

四、研究内容、过程与方法

（一）研究内容

子课题一：苏州地区职业院校德育管理者专业发展共同体运行机制实践研究。通过主题研讨式、特色交流式、师资互训式、嵌入发展式等协作活动，在苏州德育干部情况调研基础上，探索建立苏州职业学校德育干部共同体建设标准，形成各成员学校德育经验共

同分享、德育问题共同探讨、育人成效共同增强的德育管理者专业发展共同体运行机制。

子课题二：苏州地区职业院校德育管理者专业发展共同体成员专业发展实践研究。按照行动导向培养模式，采用"理论学习+跟岗实践+任务研修"等方式，通过对共同体建设和共同体成员个体发展的共性研究和个案研究，总结提炼共同体成员专业发展的有效方式和途径，形成共同体成员巡回演讲集、共同体成员研究论文集、共同体成员专业发展职业规划汇编等。

子课题三：苏州地区职业院校德育管理者专业发展共同体项目建设体系实践研究。在苏州市职业学校学生社团调研的基础上，探索共同体建设的学习平台、培训平台、交流平台、科研平台等，探索起草苏州市社团建设指导性意见，汇编苏州市职业学校德育视导回头看、共同体建设项目集等，形成独具特色的德育管理者专业发展共同体项目建设体系。

子课题四：苏州地区职业院校德育管理者专业发展共同体影响力实践研究。德育管理者专业发展共同体的建立及运作是推进苏州市职业教育发展的创新举措，开展苏州市职业学校校园文化建设调研、实践，开展共同体对苏州地区德育工作特别是德育队伍建设新模式、新途径、新平台的影响力研究，形成德育管理者专业发展共同体影响力研究报告，为教育管理部门建言献策。

（二）研究过程

1. 课题论证与申请阶段（2016年10月—2016年12月）

成立课题领导小组和课题研究小组。课题研究领导小组以陶华山为主申请人，以苏州市教育局高职处副处长黄丽华为组长、苏州市职业学校德育工作委员会秘书长赵益华为顾问，课题研究小组成员是各职业学校分管德育副校长或学工处处长、团委书记等一线德育工作者，全部具有大学本科以上学历和高级、中级教师职称，多人先后承担并圆满完成国家级、省级、市级的课题研究任务，论文多次在省市乃至国家各类评比活动中获奖，并有多篇论文在报刊书籍上发表。领导小组负责对整个研究工作的环节进行指导、安排、管理和督查；负责制定课题研究的管理制度；负责为研究工作提供时间上和经费上的保证。课题研究小组以来自苏州市各职业院校的德育骨干为主研人员，一方面考虑研究人员能胜任研究工作，另一方面考虑通过研究工作的开展锻炼德育管理者队伍，使德育管理者的科研意识、科研能力得到整体提高。2016年10月12日召开苏州市职业学校德育干部共同体开班仪式并开展关于课题申报的研讨会，2016年11月下旬完成课题申报书。

2. 课题实施阶段（2017年1月—2018年6月）

① 2017年1月—2月，通过共同讨论论证形成德育共同体组织制度和工作章程。

② 2016年11月29日—30日进行"回头看"视导工作，组织德育管理者共同体参与德育视导"回头看"等实践活动，形成个案研修报告或论文。

③ 2017年4月17日—4月21日对德育管理者共同体进行系统的项目培训，开展培训考核，量化培训效果。

④ 2017年6月开展德育共同体成员理论学习和能力提升培训以及实践调研和考察，并对课题进行了子课题的分工。

⑤ 2017年10月开展苏州职业学校学生社团建设情况、志愿者服务工作、苏州市职业学校德育干部情况调研，并形成调研报告，提出对策建议。

⑥ 建立德育干部共同体微信群，定期开展主题研讨活动，形成德育研讨留言板。

⑦ 形成苏州德育管理者共同体建设标准。

3. 总结阶段（2018年7月—12月）

① 2018年5月7日—11日开展项目培训。

② 形成苏州德育干部共同体《研究论文集》《成员巡回演讲集》。

③ 形成苏州德育个案与德育共同研究报告。

④ 2018年11月开展德育管理者共同体成员经验分享巡回报告

立德树人：知行合一的实践探究

会活动。

⑤ 2018 年 12 月撰写结题报告，进行经验交流与推广。

（三）研究方法

文献研究法：主要通过收集整理著作、期刊等文献资料归纳分析与本研究相关的内容，作为本研究的理论基础。本研究收集了大量的相关书籍、期刊以及学位论文，进行详细整理与分析，在前人研究的基础上，寻找突破口和未解决的问题。课题组围绕"德育""专业发展""共同体"三个关键词，搜集 2000—2016 年的相关文献资料，分类进行归纳提炼，结合职业院校德育管理者共同体专业发展主题，进行研究分析。

个案研究法：个案研究法是指对某一个体、某一群体或某一组织在较长时间里连续进行调查，从而研究其行为发展变化的全过程，包括对一个或几个个案材料进行收集、记录，并写出个案报告。本课题一方面以苏州市职业院校德育管理者专业发展共同体为个案，研究共同体的运行机制、项目实践内容以及建设影响力，以期探求共同体建设的基本规律与操作策略；另一方面以苏州市德育管理者专业发展共同体的成员作为个案，研究成员在共同体中应有的权利与义务，以期探索共同体如何更有效地促进成员的专业发展。

问卷研究法：问卷调查是以书面提出问题的方式搜集资料的一种研究方法，即调查者就调查项目编制表格，分发或邮寄给有关人员，待其填写答案后回收整理、统计和研究。本课题组对苏州市职业学校学生社团、志愿者服务、苏州市德育干部专业发展现状等展开问卷调查并形成调研报告，为各职业学校社团建设、志愿者服务工作及德育干部管理提供指导性意见。

行动研究法：行动研究是从实际工作需要中寻找课题，在实际工作过程中进行研究，由实际工作者与研究者共同参与，使研究成果为实际工作者理解、掌握和应用，从而达到解决实际问题，改变社会行为的目的的研究方法。德育管理者专业发展共同体建设本身是一种创新，没有太多的经验可供借鉴。从德育问题出发，从促进共同体成员专业发展出发，从为教育行政部门提供决策参考出发，为提高苏州职业学校整体德育管理水平开展行动研究，边实践边总结，边研究边实践，理论与实践相结合，总结提炼"学习共同体"建设的运行机制，构建项目体系，促进成员发展，提供政策参考。

五、研究总结与主要结论

（一）苏州市职业学校德育管理干部共同体运行体系总体简介

根据苏州市教育局《关于遴选苏州市职业学校德育干部共同体学员的通知》（苏教高职函〔2016〕43号）精神。通过学校推荐，共有27位德育干部成为苏州市职业学校首届德育干部共同体学员。研修周期为两年。2016年12月举行了开班仪式。按照行动导向培训模式，采用"理论学习+跟岗实践+任务研修"等方式进行，具体包括专题讲座、主题研讨、交流考察、撰写报告、中期汇报、结业考核等。

坚持问题导向，按照理论与实践相结合、学习与工作相结合的原则，围绕职业教育立德树人、改革发展的规律和热点难点问题等，研修任务和内容具体如下：

① 国家、省宏观政策和教育政策解析。

② 中职学校面临的德育形势与任务（新大纲解读、实施细则等）。

③ 中职学校德育体系的构成。

④ 中职学校德育工作的信息化管理研究与实践。

⑤ 中职学校校园文化建设、校园突发事件处理方法、媒体应对。

⑥ 学生文化建设和社团活动组织。

⑦ 教科研能力提高与论文写作。

⑧ 学员交流研讨与成果展示。

（二）完成苏州地区职业院校德育管理者专业发展共同体运行机制实践研究

1. 调研情况分析

课题组对本地区 25 所职业院校调研分析，调研对象涵盖了包括技工学校在内的 89.3%苏州地区公办职业院校，调研数据具有一定代表性。通过对调研数据的分析，从苏州地区职业院校德育工作现状看，各校对德育工作的重视程度差距较大、工作系统规划水平参差不齐、活动实际效果有待提升、资源占有量欠均衡、沟通合作机制欠缺。调研数据也体现出，苏州地区职业学校德育管理者专业化程度尚待提高，学习时间被严重压缩，所受培训缺乏系统性、交互性、实效性的特征。

基于以上对苏州地区职业院校德育工作现状的分析，本地区各中等职业院校在德育理念、德育工作方法、德育内容、德育管理者管理水平等方面都需要进一步提升，应在相对集中的时间与空间中，建立苏州地区职业院校德育管理者专业发展共同体，创造性地发挥优势、破解现状，系统规划共同体成员专业发展、大幅提升共同体成员学习效率，有效整合地区优势资源，全面提升地区德育管理水平。

2. 构建苏州地区职业院校德育管理者专业发展共同体组织架构

任何组织若要有效运行，势必离不开管理团队的组织和引领。构建苏州地区中等职业院校德育管理者专业发展共同体，需要首先设计出该组织的一整套完善的管理机构和运行机制，这里我们先完成组织架构这一首要内容。

苏州地区中等职业院校德育管理者专业发展共同体组织机构由共同体成员大会、主席团、专家指导委员会、秘书处、德育队伍发展中心、共同体成员培训中心、德育课题研究中心、德育经验交流推广中心等八个部分组成（图 1-3）。

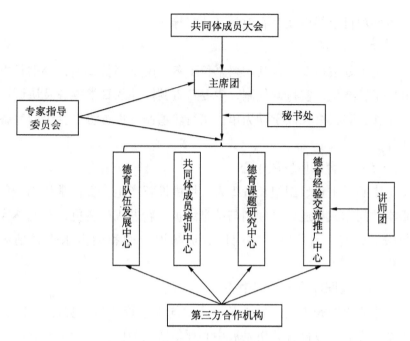

图 1-3　基本组织架构及其层级关系

组织单元构成主要是：

（1）共同体成员大会

共同体成员大会由当届共同体全体成员构成，共同体换届须召开共同体成员大会，其他重大事项需要共同体成员大会讨论通过的，须由主席团事先讨论并提出大会召开建议，经 2/3 成员同意后，方可召开。

（2）主席团

主席团成员 5 人，由各校校长和分管德育工作的领导组成，设主席和副主席，主席团成员以学期为单位实行轮值制，主要职责有：负责共同体常务运行，重大问题决策，共同体大会召集等。

（3）专家指导委员会

由教育局及职教处有关处室领导及相关专家组成专家指导委员会，委员会成员 7 人，其中相关专家不少于 4 人，专家指导委员会在共同体体德育工作的理念和政策方面予以引领，并在一些特色德育发展项目上提供及时有效的具体指导。

（4）秘书处

秘书处成员3人，其中秘书长1名，副秘书长2名，秘书长由共同推荐产生，实行常任制，主要负责共同体的日常事务及协调沟通工作；副秘书长以学期为单位实行轮值制，负责协作会议的筹备工作。

（5）德育队伍发展中心

中心设组长、副组长各1人，均由推荐产生，实行常任制，负责本共同体成员通讯录编制与信息维护、新老成员变更、共同体成员联系交流平台组建、共同体成员知识结构和能力水平评估等工作。

（6）共同体成员培训中心

中心设组长1人、副组长2人，均由推荐产生，实行常任制，主要职责有：以德育队伍发展中心评估数据为依据，制定共同体成员发展规划；筛选第三方培训机构，为共同体成员定制最有效的培训方案；联络培训其他相关事宜；收集整理培训总结及进行优秀学员表彰等工作。

（7）德育课题研究中心

中心设组长、副组长各1人，均由推荐产生，实行常任制，主要职责有：收集、整理德育方面最新动态并及时向共同体成员发布；定期组织课题研究及申报工作；督促课题研究进度；协助课题结题及其他相关工作。

（8）德育经验交流推广中心

中心设组长1人，副组长3人，由推荐产生，实行常任制，根据实际工作需要，可增设临时副组长若干，该中心主要职责：开展各类德育活动，如会议论坛、演讲、活动观摩、专题研讨、主题实践等；组建讲师团，指导讲师团工作；组织校际交流，并做活动总结。

(9) 讲师团

讲师团是德育经验交流推广中心下设机构，讲师团设团长1人（同时兼任德育经验交流推广中心副组长），副团长1人，负责讲师团实际运作，主要工作内容有讲师团成员聘请与更迭工作，任务分配，指导并协助讲师团成员完成宣讲任务。

在以上组织结构汇中，主席团处于核心位置，可形象地比喻为本组织的大脑；秘书处为领导团直属机构；德育队伍发展中心等4大中心，根据自己的职能开展工作，其中，德育经验交流推广中心下设讲师团；根据本共同体实际工作需要，各分中心可与第三方机构建立合作关系。各组织机构既有明确分工，又协同工作，共同形成本共同体的完整组织结构。

通过组织会议论坛（专题研讨）、演讲、活动观摩等德育活动、主题实践及校级交流及集中培训等途径，力求实现以个性化规划定制为依据，以定期培训、德育活动为依托，促进共同体成员成长与发展，以共同体成员为基础，以主题实践、校际交流为抓手，推动本地区各中等职业院校德育管理者共同进步，以互动互补共享为理念，以主动接触、积极推广为契机，实现本地区职业院校德育工作全面提升的功能。

3. 组织结构运行机制

对共同体架构、功能、实现途径进行规划后，还需要有一套行之有效的运行机制，才能使共同体的运转稳健、高效。通过两年的试运行，我们积累了一些经验，并在这些经验的基础上，基本确立了一些运行机制，现概括如下：

(1) 共同体成员构成及变更机制

原则上由教育局及高教处牵头发文，各中等职业院校选派合适的德育干部组成共同体，共同体成员须认真完成相关业务学习、实地参观、主体实践、校级交流等活动。共同体成员在共同体中可被推荐为本组织各部门负责人，被推荐为各部门负责人的，除需要完成部门工作外，仍需要完成本共同体相关培训学习等任务。

共同体成员任期原则上为 3 年，有特殊情况者可提前 1 个月向主席团提出书面说明，并由该成员所在院校推荐新的共同体成员，新成员到位后，原共同体成员自动退出当届共同体。

因组织工作需要或其他方面需要，在共同体成员任期满 3 年后仍需要留在共同体的，须在下一届主席团人选确定后，向下一届主席团提出申请，并向教育局及高教处提出报备，由下一届主席团批准。

（2）各部门负责人产生机制

① 共同体各部门岗位数设定。

主席团成员 5 人，由各校校长和分管德育工作的领导组成，设主席和副主席各 1 人；专家指导委员会成员 7 人，其中相关专家不少于 4 人；秘书处成员 3 人，其中秘书长 1 名，副秘书长 2 名；德育队伍发展中心设组长、副组长各 1 人；共同体成员培训中心设组长 1 人、副组长 2 人；德育课题研究中心设组长、副组长各 1 人；德育经验交流推广中心设组长 1 人，副组长 3 人；讲师团是德育经验交流推广中心下设机构，讲师团设团长 1 人（同时兼任德育经验交流推广中心副组长），副团长 1 人。

② 共同体各部门负责人产生机制。

组建共同体筹备委员会，负责第一届共同体各部门负责人的任用工作。筹备委员会成员由教育局及职教处有关处室领导负责召集，人数 5 人，负责共同体前期筹备工作，包括共同体各部门负责人推荐工作，以及第一届共同体大会召开的筹备工作。

共同体各部门负责人从共同体成员中产生，专家指导委员成员除外。

主席团成员 5 人，由各校校长和分管德育工作的领导组成，由推荐产生，主席团成员设主席和副主席各 1 人，主席团成员以学期为单位实行轮值制，学期结束时，副主席轮值为主席，主席团其他成员轮流递补为副主席。

专家指导委员会由教育局及职教处有关处室领导及相关专家组

成，委员会成员7人，其中相关专家不少于4人，由教育局及职教处相关领导与主席团成员共同商讨聘请，专家指导委员会在德育工作的理念和政策方面予以引领，并在一些特色德育发展项目上提供及时有效的具体指导。

秘书处成员3人，其中秘书长1名，副秘书长2名，秘书长由共同推荐产生，实行常任制，副秘书长以学期为单位实行轮值制，学期结束前须在共同体成员中递补两名副秘书长，上届副秘书与下届副秘书长做好工作交接。

德育队伍发展中心设组长、副组长各1人，均由推荐产生，实行常任制。

共同体成员培训中心设组长1人、副组长2人，均由推荐产生，实行常任制。

德育课题研究中心设组长、副组长各1人，均由推荐产生，实行常任制。

德育经验交流推广中心设组长1人，副组长3人，由推荐产生，实行常任制。

讲师团是德育经验交流推广中心下设机构，讲师团设团长1人（同时兼任德育经验交流推广中心副组长），副团长1人，由推荐产生，实行常任制。

③ 共同体各部门负责人换届机制。

所有由推荐环节产生的共同体各部门负责人任期均为3年，任期到期前2个月内，由本届共同体主席团成员负责召集工作，启动下一届各部门负责人推荐工作，最迟在任期届满前1个月内，完成推荐工作，并选定恰当的时间召开共同体大会，完成换届工作。

④ 共同体各部门负责人临时更换机制。

由于调职、突发状况等原因，会出现共同体各部门负责人不能或不再适合担任负责人的情况，相关负责人应在结束本组织工作任务前2个月向主席团做出书面说明，此后，由主席团召开临时主席团会议，商定推荐人选，并通报共同体全体成员知晓后，方可接任。

(3) 共同体各部门运行机制

共同体设有共同体成员大会，为最高权力机构，重大事由决策需召开共同体成员大会，大会成员 2/3 以上人数同意后，方可执行。共同体成员大会有监督主席团及其他部门工作的职责，在换届时，还有听取并审议上一届主席团所做的工作总结、同意各部门负责人推荐名单等职责。

主席团主要职责有负责共同体常务运行，各部门间工作协调，重大问题决策，共同体大会召集，撰写任期满工作总结等，处于本组织领导核心位置，其他部门需服从主席团的决定。主席团平时通过定期召开的主席团会议，商议共同体日常事宜，有需要时按照程序召开共同体成员大会。

专家指导委员会由教育局及职教处有关处室领导及相关专家组成，主要职责是德育工作理念和政策方面的引领，以及提供特色德育发展项目的具体指导。专家指导委员会参与组织日常管理及常规运作。专家指导委员会的功能通过两种方式实现：一是专家直接向主席团提出工作指导意见，若有新的德育工作理念及方针政策须向全体成员进行指导时，可向主席团提出，主席团商讨后，由秘书处具体负责安排；二是共同体在组织运作和活动开展中有疑惑之处，可向专家指导委员会提出指导申请。

秘书处受主席团直接领导，主要负责共同体的日常事务及协调沟通工作，协作会议的筹备工作，重要文件、规定等的起草工作。

德育队伍发展中心负责本共同体成员通联编制与信息维护、新老成员变更、共同体成员联系交流平台组建、共同体成员知识结构和能力水平评估等工作，并在其他部门开展工作时提供相应信息。

共同体成员培训中心主要职责有：以德育队伍发展中心评估数据为依据，制定共同体成员发展三年规划，并提请主席团讨论；筛选第三方培训机构，为共同体成员定制最有效的培训方案，方案实施前，需提请主席团讨论决定；联络培训其他相关事宜；收集汇编培训总结，撰写优秀学员表彰决定，记录共同体成员成长轨迹等工作。

德育课题研究中心主要职责有：收集、整理德育最新动态并及时向共同体成员发布；定期组织课题研究及申报工作；督促课题研究进度（以共同体为单位，三年做一个德育总课题，每一年做一个子课题）；协助课题结题及其他相关工作。

德育经验交流推广中心主要职责：开展各类德育活动，如会议论坛、演讲、活动观摩、专题研讨、主题实践等；组建讲师团，指导讲师团工作；组织校际交流，撰写活动总结。德育经验交流推广中心需制定三年规划及经费预算，并在换届共同体成员大会上提出审议，通过后，对规划进行细化分解，并着力实施。

讲师团是德育经验交流推广中心下设机构，主要工作内容有：讲师团成员聘请与更迭工作，任务分配，指导并协助讲师团成员完成宣讲任务。讲师团负责人应根据共同体发展的实际，安排讲师团成员对共同体成长中的典型事例进行编撰，形成讲演稿，配合德育经验交流推广中心活动开展。

4. 形成"三共一体"的共同体发展运行机制

根据《关于推进新一轮苏州市名师发展共同体建设的意见》（苏教办〔2013〕81号）的文件精神指导下，苏州市教育局先后颁布了《关于遴选苏州市职业学校德育干部共同体学员的通知》《关于开展苏州市职业教育名师工作室共同体遴选建设工作的通知》《关于遴选苏州市职业学校班主任建设共同体成员的通知》，经遴选后形成了德育干部共同体，名师工作室共同体及班主任建设共同体三大组织，形成了"三共一体"的建设格局。

（1）形成多维学习机制

共同体每年至少举行2次集体研修活动，开展联组集中活动，丰富活动形式，提升活动内涵。邀请名师开课，发挥示范引领作用。共同体成员制定两年发展规划,定期交流各共同体工作情况。

（2）完善多元评价机制

将结果性评价和过程性评价相结合,做到研修前期、中期不定期检测评价,每一期都伴随着不同的方式和主体,评价的内容也不同。为保证评价过程中的科学性和可行性,实现多元化主体的参与,其中包括各工作室的导师、学生、学校领导、教育局领导、共同体成员、项目管理人员等,尽量做到公平公正公开化,评价主体的多元化也有利于活动进行中得到各方的建议和意见,从而改善运行体系。

（3）健全多方保障机制

建立资源共享体系,形成帮扶机制,送培到校,学术"引智",借力高校等外部资源,精心选择高校知名专家学者担任学术指导,获得必要的有针对性的理论支撑和学术引领,努力提升共同体的科研实力和影响力。

苏州德育管理者共同体是一个自成体系又开放共融的完整体系,其结构完善、运行机制改革、共同体功能的发挥等方面,都将以科学发展的理念为指引,不断研究新情况、新问题,使共同体不断完善提升,发挥更大作用。

（三）完成苏州地区职业院校德育管理者专业发展共同体成员专业发展实践研究

经过两年的研修学习,德育管理者专业发展共同体,采取更加高效、务实的集体培训和个人研修相结合的方式,通过交流研讨、科研指导、理论引领、实践锻炼、个案研究等途径,提高共同体成员的整体专业发展水平。研究发挥共同体的引领、示范、辐射、服务作用,由点及面,带动各职业院校自身的德育和校园文化建设创出特色,为政府和教育管理部门出台相关政策建言献策,促进苏州职业教育德育工作创新发展。在这个过程中,课题组也对共同体成员的专业发展进行了研究,总结出共同体专业发展的研修模式,也形成了德育管理干部共同体成员专业发展的典型案例。

1. 德育共同体学习制度建设的研究

（1）理论业务学习制度的建设

以该制度的建设形成共同体成员学习和研究意识。探究如何把意识领域的学习、理论结构的完善与提升和实践工作的研究紧密结合。提升个体的政治思想认知水平和高度，通过理论研究、相互交流、个人自学等方式提高研究和解决德育工作实际问题的能力。

（2）校际交流督查制度的建设

以该制度推进各校之间的资源共享，德育工作的相互督导、检查。以分片协作教研为主要形式，构成中心辐射、区域协作、互动的德育研究格局。

营造严谨、务实、民主的研究氛围，定期开展校际经验交流和合作研究，让成员有机会互相学习，相互切磋，共同提高德育研究水平。

（3）任务研修管理制度的建设

为营造浓厚的德育科研氛围，要求成员积极进行课题、论文的任务研究，针对德育专业发展中遇到的突出困难和问题确定研究专题，做到研究目标明确、人人参与、研究扎实有效，促进德育专业发展研究不断深入。

2. 德育共同体研修活动模式的研究

（1）任务研修理论学习与实地调研学习相结合的模式

成员理论研究与实践工作能力的结合，是提升个人成长发展的中心和关键。理论研修活动是提升的前提条件，它能够提升教师的自我反思意识和潜力，实践调研是专业成长和发展的重要因素，通过调研学习，与自己工作做比对，拓宽视野，寻找多元工作理念，提出切实可行的德育工作方式，构成在研究状态下的专业工作方式（表1-1）。

表 1-1 苏州职业学校德育管理者共同体培养项目两年内部分研修课程汇总表

活动模式	课程名称	开展时间
理论学习	学生核心素养与教师全专业属性	2017.4.18
	教育伦理与师德师风建设	2017.4.19
	孙子兵法与学校团队管理	2017.4.19
	观国际形势，强忧患意识	2017.4.20
	用习近平新时代中国特色社会主义思想引领中职德育迈上新台阶——兼谈中职德育特色品牌建设	2018.5.8
	中职学校德育干部培养与班主任管理	2018.5.8
	中职学校学生多元星级评价体系探索	2018.5.8
	新媒体时代中职德育工作发展趋势与策略分析	2018.5.8
	人人出彩与德育信息化建设	2018.5.9
实践调研	实地考察重庆梁平职业教育中心	2017.4.18
	实地考察重庆产信职业学校	2017.4.19
	开展苏州市职业学校学生社团建设专题调研	2017.10.25
	厦门信息学校	2018.5.8
	厦门工商旅游学校	2018.5.9
任务研修	承担苏州市德育专项视导工作	2016.11.29—2016.11.30
	承担铜仁市班主任共同体培训工作	2018.4.24—2018.4.26

（2）资源共享的校际合作德育教研模式

共同体成员主动争取同伴互助，构成校际多方合作互动，分享经验，互相学习，共同成长。

（3）以校为本的教研模式

实现研修与任务科研相结合，科研与培训相结合，通过"课题研究模式""诊断反省模式""骨干培训模式""问题培训模式""德育论坛模式"等灵活多样的模式，提升共同体全体成员理论水平和专业业务水平。

3. 培育了德育管理干部共同体成员专业发展的典型案例——昆山第一中等专业学校副校长刘金桥

（1）个人简介

刘金桥，男，出生于 1980 年 1 月，中共党员，高级讲师，本科学历，硕士学位，在江苏省昆山第一中等专业学校从教 16 年，现担任学校副校长。

（2）工作成绩

① 行政职务：

2016.9—2017.8 担任昆山第一中等专业学校学生工作处主任兼党政办主任；

2017.9 至今担任昆山第一中等专业学校副校长。

② 个人荣誉：

江苏联合职业技术学院优秀学生工作者、苏州市学术带头人、苏州市优秀德育工作者、江苏省文明风采大赛优秀指导老师、全国学生法治知识网络大赛优秀指导老师。

（3）教育教学成果

① 论文发表：

《关于当前中职校后进生的调查研究》发表于省级刊物《新疆教育》；

《终生学习观，成功就业路》发表于省级刊物《青春岁月》；

《职业学校开展创业教育的探索与实践》发表于省级刊物《学园》；

《提高中职生职业决策自我效能感的团体心理辅导设计》发表于省级刊物《中小学心理健康教育》；

《中职学校社团建设探索与实践》发表于省级刊物《学园》；

《中职学校旅游地理课程教学方法思考》发表于《亚太教育》；

《利用 FLASH 提高旅游地理课堂教学质量》《旅游地理课堂教学中审美元素的参透途径分析》《团体心理辅导提高职校生就业抗挫能力的实践研究》发表于《课程教育研究》；

《旅游地理情景教学的初探与实践》发表于《中国科教创新导刊》；

② 论文获奖：

《职教学生如何成功创业之我见》《中职旅游地理课堂创新教学思考与实践》获第九次全国优秀职教文评比优秀奖；

《从旅游地理谈中职学生自主创新学习的引导》获全国论文评比三等奖；

《创新教学激发中职旅游地理课堂活力》获全国论文评比二等奖；

《乐行德育——助力职校生人生出彩》德育案例获苏州市三等奖；

《在社会实践中练就高素质》在江苏联院资助的成长典型事迹评比中获二等奖。

③ 著作：

参编《职校班主任工作100问》。

④ 公开课及讲座：

参加苏州市职教课改展示课获好评，参加两课比赛获苏州市二等奖、江苏省示范课，开设多节校级公开课；开设苏州市级讲座3个、昆山市级5个。

④ 课题：

参与教育部人文社会科学研究规划基金项目"当代职校生心理健康教育模式的建构研究"子课题"当代职校生心理健康教育整合模式的建构研究"；

主持全国教育科学十二五规划教育部重点课题"实践教育学范式研究"子课题"中职旅游专业任务引领教学模式的实践研究"；

参与国家哲学社会科学基金"十二五"规划课题"职校生心理与积极职业教育范式研究"子课题"职校生个性心理与积极人格教育研究"；

参与苏州市职教学会重点课题"中职学生青春期思想道德发

展状况的诊断与改进研究——以苏州市为例"。

(4) 德育工作成果

2015年至今，分别担任校学生工作处主任和分管德育的副校长。工作上兢兢业业，勤勤恳恳，善于总结，勇于探索，致力打造学校"乐行"德育品牌，"乐行"德育被《中国职业技术教育》、《大众心理学》、江苏教育频道、江苏城市频道、"江苏职教风采"微信公众号、《扬子晚报》等媒体广泛宣传。

学校被评为江苏省德育先进学校、苏州市心理健康教育特色学校、苏州市心理健康教育先进学校、苏州市社团建设先进学校。陶华山代表学校在2015年江苏省职业学校德育年会上作为苏州地区代表做主题交流发言并受到好评，被江苏省教育厅职教处聘为专家组成员，并参加省职业学校德育工作视导，被江苏联合职业技术学院聘为中华优秀传统文化教育读本撰写专家，并作为调研专家参加2018年江苏省中职学校学生养成教育状况专题调研。学校承办2018年江苏省德育年会，个人在大会做养成教育的专题交流发言并获好评。

（四）完成苏州职业院校德育管理者专业发展共同体项目建设体系实践研究——以苏州市职业学校学生社团建设为例

2017年10月下旬，由苏州市教育局下发了《关于开展苏州市职业学校学生社团建设专题调研活动的通知》（苏教高职函〔2017〕105号），由德育管理者专业发展共同体成员分五组对苏州大市所有职业学校进行了现场调研，各调研组通过查看现场，听取汇报、师生访谈、问卷调查、领导访谈、观摩社团活动、查阅社团活动资料等形式，摸清了各校开展学生社团活动的基本情况，总结了各校好的做法，也发现了社团建设存在问题，并给出了一定的建议。

1. 德育管理者共同体分工合作，在调研中学习提高

2017年10月下旬，按照每个县（市、区）一天的安排，本次调研分了五个小组，分别对应苏州市各县市区，实现了职业学校全

覆盖。

社团建设调研的主要内容包括：职业学校社团建设总体状况；各省、市、区（县）级优秀社团现状调研；社团建设先进经验调研；学校社团建设中存在的困难；等等。采取以县（市、区）为单位现场调研的方式，每个县（市、区）重点调研一所职业学校，其他职业学校安排分管德育副校长、学工处长、社团负责老师参加调研会。通过学校汇报，查看学校社团活动场所，观摩学校正常开展的社团活动现场，查看资料，师生访谈，问卷调查等方式开展了调研，初步统计了苏州市职业学校社团的总体概况。

调研结束后，各调研组写出了调研报告，并汇总撰写了《苏州市职业学校社团调研报告》，分析了苏州市职业学校社团现状，总结了优秀社团成功经验，指出了问题所在，并就推进苏州市职业学校社团建设提出了八条建议。

第一，制定完善的社团管理条例。通过制度建设，鼓励更多的老师和学生参与社团活动，激发活动热情，促进社团有序发展。

第二，打造一支优秀的社团辅导教师队伍。尽可能提高辅导教师的专业水平，为社团辅导工作提供更好的智力支持。发挥专业优势，让更多的社会专业团体的专业人士能进入校园，进一步提高社团建设质量。

第三，优化场地配置，保证活动时间，将社团活动时间列入课表，有一定的考核措施，从而为社团活动的开展提供必需的组织保障和时间、场地保证。

第四，增加社团活动经费。提高活动积极性，努力打造精品社团。

第五，优化社团结构，扶持薄弱社团。使各类社团应有尽有，做到百花齐放、齐头并进。

第六，社团活动纳入学生考核，提高社团参与率。激发学生参与社团活动的热情，把学生参与社团活动从行政命令变为主动参加，形成学生积极发挥作用的生动局面。

第七，校内外联动，扩大社团影响力。有序组织社团参与社会服务、参与志愿服务活动，让学生在更广阔的天地得到更多元的锻炼与成长。

第八，在苏州市级层面出台政策，指导学校社团健康发展。激发社团打造品牌活动的积极性，以品牌社团、品牌活动带动学校社团活动的全面质量提升。

2. 开展研讨论证，探索修订了苏州市职业学校优秀社团评比条例，引导职业学校优秀社团建设方向

根据调研结果，集中共同体成员的智慧，全面修订了苏州市优秀社团评比细则，在2017年和2018年苏州市优秀社团评比活动中，采用新的评比条例进行评比，得到了各校的认可。新修订的优秀社团评比条例主要包括以下六条：一是组织健全；二是自主管理；三是特色鲜明；四是活动丰富；五是保障有力；六是成效显著。

3. 制定了苏州市《关于加强职业学校学生社团建设的指导意见（草案）》

在充分调研的基础上，共同体成员多次召开研讨会，结合苏州市职业学校学生社团发展现状，在苏州市教育局的领导下，制定了苏州市《关于加强职业学校学生社团建设的指导意见（草案）》，主要内容如下：

（1）充分认识职业学校学生社团建设的重要意义

（2）提出了加强学生社团建设遵循的基本原则

① 激发主体，因势利导。

② 发展特长，突出特色。

③ 统筹规划，系统实施。

④ 教学相长，促进发展。

（3）明确了职业学校学生社团建设的目标、任务

（4）优化职业学校学生社团的体制、机制建设

① 健全领导机制。

② 完善管理体制。
③ 创新活动机制。
④ 完善保障机制。
⑤ 强化激励机制。
⑥ 改革评价机制。
⑦ 落实考核机制。

4. 开展了苏州市职业学校优秀社团评比

共同体在修订苏州市职业学校优秀社团评比条例的基础上，2017年、2018年分别配合苏州市教育局高职社处组织开展了苏州市职业学校优秀社团评比，其中2017年共有23个学校52个社团参与了评比，苏州市教育局聘请了省市级专家进行了专题评审，评出了标兵社团10个、优秀社团20个，并由这些社团进行了社团活动的展演。通过优秀社团的评比，促进了各校进一步重视社团建设，加强社团投入，提升社团影响力，促进学校形成良好的社团活动氛围，进而促进学校校园文化建设的繁荣。

5. 组建苏州市职业学，汇编《苏州市职业学校优秀社团案例集》

为加强各校社团之间的相互借鉴学习，展示苏州市各职业学校优秀学生社团风采，发挥优秀社团的示范辐射作用，共同体通过苏州市职教学会德育工作委员会这个平台，向各校征集自2014年以来获评苏州市级及以上优秀社团、标兵社团的各校优秀学生社团建设案例，并开展案例评比活动，对优秀案例结集成册，印发各职业学校，供大家相互借鉴，以进一步加强各校学生社团建设，提高社团建设总体水平。每个案例要求包含社团简介、特色社团文化、社团精品活动或特色做法、社团成绩及影响力，并附社团活动照片2-3张。

前后共征集到近80个优秀社团的案例，根据文体类、传统文化类、专业技术类、科技类等几个类别分别汇编成册，形成了苏州市职业学校优秀社团案例集。在此基础上，苏州市教育局组织专家评选修改，并结集出版，为各校加强相关社团建设提供指导。

6. 研究反思

实践表明，通过研究过程中开展职业学校的社团调研、优秀社团评比、优秀社团案例汇编，组织撰写研究论文等，对促进各校重视学生社团建设，促进社团建设体制机制的完善，提高各校学生社团参与率及吸引力，起到了一定的作用。不足的是，理论提炼还有待进一步加强，创新的力度还不大，项目体系建设还不完善，对于德育管理者专业发展所起到的作用还有很大的局限性。

（五）完成苏州地区职业院校德育管理者专业发展共同体影响力实践研究

近两年来的调研、探索、实践，证明德育管理者专业发展共同体对各校德育工作的开展有着极其重要的作用，更重要的是共同体的模式整合苏州市职业学校的德育资源，形成合力，共同提升了德育管理者的职业素养，为学校、地区德育工作的整体提升做出了很大的贡献。我们的研究成果有以下几个方面。

1. 研究的结果与分析

（1）职业院校德育建设新模式，形成一支新型德育管理队伍

近几年省市对职业学校教师的培训逐渐增多，但要以专业教师培训为主，围绕技能大赛、信息化大赛、人才培养方案改革、实训基地建设等方面的培训居多，德育培训偏少，针对德育管理者的培训更少。我们课题组通过德工委的平台，开展了关于德育管理者工作情况的调查如下：

① 苏州地区职业院校德育管理者专业发展共同体的人员的基本情况：成员目前共计35人，其中德育分管校长9名，德育处负责人、团委书记26名，涵盖了苏州市26所职业院校的德育管理者，其中女性13名，占37.1%。管理者专业发展共同体成员的年龄年轻化，所有成员均在45周岁以下。共同体成员的学历以本科为主，本科学历超过90%，还有12名具有硕士学历的成员。

② 关于德育管理专业发展的有关情况：通过对德育管理者专

业发展共同体成员的访谈,发现他们对于德育管理存在以下几点困惑。

对德育管理的内容理解不透。德育管理者大多数表示并不了解德育管理的具体内容,一直处于上级管理主要靠文件,学校管理基本靠经验的状态。近年来德育工作内容有泛化趋势,使得德育管理者疲于奔命,很少思考德育管理问题。

德育管理工作存在一定难度。德育管理者普遍认为德育管理工作存在难度,主要表现为:学校德育工作面广量大,德育工作者往往忙于应付,只能做表面文章;愿意从事班主任工作的教师越来越少,认为班主任工作是良心活,工作成效评价难度大,短期效应难以体现,学校面临聘任班主任困难的问题。

德育管理中遇到的难题,往往大家会选择专题培训或同伴间交流,更甚者咨询专家来解决。这样的解决方法存在局限性和片面性。

苏州地区职业院校德育管理者专业发展共同体是一个新型的共同体组织,是由苏州市教育局、苏州市德育工作委员会牵头,由苏州市27所职业院校的德育管理者共同组成的一个组织,它整合了苏州市各大职业院校的德育资源,形成了一支特殊的德育队伍,使得原本仅仅服务于各校的各自的德育资源可以服务于整个苏州大市的职业学校。这支队伍先后参与了苏州市2016—2018年的相关德育工作:苏州市德育视导工作、苏州市职业学校班主任模块化培训工作等,形成了《苏州市德育视导回头看》项目集,起草了《苏州市社团建设指导性意见》等,成了苏州市职业院校德育工作的生力军。

(2)职业院校德育建设新途径,形成了一种新型学习培训模式

新型学习模式:从德育管理专业发展的有关情况分析中,可以发现,德育管理者专业发展存在着方式方法的困惑。苏州地区职业院校德育管理者专业发展共同体具有几下几个特点。

① 身份同质性。德育管理者专业发展共同体的成员主要是在职业院校从事德育管理工作的人员，这种相同的业缘关系促使成员们具有相同或相似的工作经历，工作中的喜怒哀愁以及要求进步和认同的渴望拉近了彼此之间的距离。

② 思想相近性。德育管理专业发展共同体的建立与维系主要得益于成员们之间共同的追求和努力，共同的困惑和难题，只有思想相近才能把志同道合的人凝聚在一起，才有共同致力于某项事业的思想动力。

③ 平等互助性。共同体成员之间是平等关系，来自各个学校没有等级差别，开展的各项活动具有互助性质，即让共同体成员们在集体活动中相互帮扶、相互支持。身份同质性、思想相近性，使得成员间对于培训的需求性一致，将这部分分散的群体集合在一起，以共同体的形式进行辅导，可以降低培养的成本；同时这样的团队是富有活力和动力的，有利于共同体成员专业发展和职业能力的提升。共同体成员来自不同的职业院校，自身专业各不相同，由此可以拓展成员们学习工作的视野，使其在与其他人交流经验和分享资源的基础上提升专业水平。这样的学习模式不仅仅可提高学习的效率，同时也养成团队互助精神。共同体成员运用所学在全市范围内进行巡回演讲，通过演讲的方式将成果进行辐射，带动更多的德育者获得专业能力的提升，并将演讲材料汇编成册，形成了《共同体成员巡回演讲集》，发放给各校，进一步将辐射面积扩大，带动更多的人员进行学习。星星之火可以燎原，以点带面，全员学习。

苏州市教育局在设计培训方案时，创造性地将讲座与实地学习相结合，引入项目活动开展与培训相结合的模式。苏州市认真研究，结合之前对于德育管理工作的调研情况中关于德育管理的困惑，在全国范围内挑选权威专家，以及具有特色的职业学校，带领所有共同体成员前往该校进行实地学习。通过专家讲解，学习德育管理的内容；通过实地考察学习，经验交流，亲身体会特色德育管理。苏州市创造性地运用项目驱动法，通过一个个德育项目、德育活动，引导共同体成员亲身参与到各个项目及活动中。共同体成员参与组织的活动有苏州市职业学校社团评选活动、苏州市职业学校文明风采大赛、苏州市职业学校五四会演等。项目、活动驱动的培训方式，使得原来理论化的培训实体化了，在实际组织项目和活动的过程中，在有经验的德育管理者的带领下，共同体成员管理能力、组织能力、协调能力以及对于德育工作的理解力都有了长足的进步。苏州市职业学校在各项比赛中获得的亮眼成绩，都有共同体成员的功劳，都是共同体影响力的体现。

（3）职业院校德育建设新平台，形成了一个新型德育管理者成长发展和德育建设的平台

德育管理者专业发展共同体作为一个载体，通过交流研讨、科研指导、理论引领、实践锻炼、个案研究等途径，提高共同体成员的整体专业发展水平。这是一种新的尝试，其根本目的除了选拔和培养一批高素质、复合型职业教育德育人才外，更是想通过尝试，建立一个新的德育干部培养平台——苏州市职业学校德育管理平台。该平台研究发挥共同体的引领、示范、辐射、服务作用，由点及面，带动各职业院校自身的德育和校园文化建设创出特色。

新型德育管理者成长发展的平台通过近两年的运行，德育管理者专业发展共同体除了共同体成员自身成长外，还带动了其他德育管理者加入共同体队伍，共同体从初期的20多名成员，到如今发展至30多名成员。共同体这一平台的影响力在不断扩大，受到越来越多的德育管理者们的青睐。各校的德育管理者们都认可，认为这是一个快速有效提升德育管理者各方面能力的重要平台。

新型德育建设的平台：各校德育管理者通过该平台，积极响应各类调研，将自身德育中存在的问题汇集，利用全市职业学校的德育力量共同解决。先后通过该平台完成了苏州市职业学校心理教育

调研、苏州市职业学校社团调研、苏州市职业学校校园文化调研、苏州市职业学校志愿者服务调研、苏州德育干部情况调研、苏州市职业学校心育调研等，形成了《苏州市职业学校学生社团调研报告》《苏州市职业学校志愿者服务调研报告》《苏州德育干部情况调研报告》《苏州市职业学校校园文化调研报告》等，通过平台反馈问题，为政府和教育管理部门出台相关政策建言献策，促进苏州职业教育德育工作创新发展。

2. 研究成果

（1）调研报告《苏州市职业学校校园文化建设调研报告》

依托共同体这一平台，进行苏州市职业学校校园文化建设调研，共同体在调研和撰写报告的过程中分析苏州市职业学校校园文化建设中的创新做法和存在问题，通过交流以及向上级部门建言献策等方式，帮助各校完善校园建设，体现了苏州地区职业院校德育管理者专业发展共同体这一平台的影响力。

（2）汇编集锦

在开展共同体培训的基础上，课题组进行了相关资料的整理、汇编，挑选了每次培训后老师的心得汇编成《培训心得集》。整理汇编的过程本身也是对课题研究的再研究、再反思。培训心得的汇编从一定程度上反映了共同体成员在这两年中的心路成长，是共同体影响力的体现，更是众人对于苏州地区职业院校德育管理者专业发展共同体影响力的认可。

（五）科研硕果累累，共同体成员业务能力提升明显

德育管理干部专业发展共同体的成员在经历两年的研修后，无论是理论研究水平还是实践能力都有了很大的提升，在科研上也取得了很大进步。两年间，共发表论文三十余篇。

（六）主要结论

第一，德育管理者共同体成员的专业化程度得到有效提高，形成了良好的德育工作氛围。在近两年的德育管理者共同体建设的工程中，通过持续地研修学习及实践，总结了各校德育建设的成功经

验,共同研讨了各校在德育建设上存在的问题,提炼了各校的德育建设特色,形成了开放融合、多向沟通、共同发展的工作氛围,夯实了德育管理者共同体成员理论研究能力及实践发展能力。

第二,实现德育管理者共同体研修模式的转变,搭建了多维的德育实践研究平台。通过特色交流式、师资互训式、嵌入发展式等研修方式,德育管理者共同体研修模式从平面性培训向立体化研修模式转变。遵循错位思考、彰显特色、协作交流、有机整合、共建共享、主题引领、持续发展、锻造品牌的建设原则,搭建了多维的德育实践研究平台。

第三,打造彰显苏州特色的德育建设项目,发挥示范与引领作用。苏州职业院校德育管理者专业发展共同体的建立及运作是推进苏州市职业教育发展的创新举措,是树立苏州职业院校德育工作品牌的积极探索。

六、研究展望

（一）今后的设想

① 进一步加强项目体系建设,通过打造有影响力的项目,围绕项目开展实践研究,促进德育管理者专业发展共同体成员整体能力水平的提升。

② 加强成果的示范推广,宣传项目的研究成果,让项目建设的研究成果成为各职业学校发展的强大动力。

③ 完善运行机制,物化苏州德育职业院校德育管理者专业发展共同体的建设成果,树立苏州职业院校德育工作品牌。

（二）反思

1. 理论体系有待完善

实现德育管理者专业发展共同体理论观念不断革新,要坚持始终贯彻"正确的指导思想""深入理论学习""注重学习实践性知识""形成组织与能力""基于合作并超越合作",针对培训理论、管理理论、团队学习理论、德育管理者专业发展标准等,还要进行不断的学习,对现有的模式理论基础再次进行推敲与修正,使得模式更为科学有效。

2. 运行机制有待优化

德育管理者专业化发展是一个很值得研究的领域,德育管理者的继续教育、终身学习,可以让德育管理者专业发展共同体运行体系更丰富、更优化。本文提出的共同体运行机制不能普遍适用于各个时代,而只能应用于现有阶段,服务于德育管理者的专业发展。在一定程度上优化模式和机制对共同体建设的支持,具有比较强的操作性,但是研究的分析框架和运行模型依旧是稚嫩的,我们需要不断改进,让德育管理干部共同体运行的理念贯彻于专业化发展过程中,最大化地实现专业化发展。

3. 实证研究仍需加强

在今后的德育管理者专业发展共同体建设实践中多加强个案研究和行动研究,获取更多的案例和经验。德育管理者专业发展共同体建设的研究应该进一步深化和完善对德育管理者专业发展共同体建设的实践经验支持,进一步提高其适用性。

第四节 基于德育管理者视角的中职学校班主任队伍现状、问题及对策

进入"十三五"以来,随着职业教育的综合改革,结合党的十九大要求,如何进一步加强班主任建设正引起教育管理部门的密切关注。《中国教育改革与发展纲要》指出,"振兴民族的希望在教育,振兴教育的希望在班主任"。建设一支具有良好的政治业务素质、结构合理、相对稳定的班主任队伍是中等职业教育改革和发展的大计。本文基于江苏省教育厅"江苏省中职学校班主任队伍现状调研(德育管理者卷)",从德育管理者视角,对1 254份有效问卷进行分析、整理、统计,研究影响中职学校班主任管理的因

素,提供改进和解决问题建议,为加强中职学校班主任建设、提升班主任管理水平提供参考建议。

一、中职学校班主任队伍现状及问题

(一)班主任队伍结构情况

1. 班主任队伍出现断层现象,年龄结构分布不合理

班主任年限 5 年以下占比 38.74%,这些新手型班主任出于对工作的内容、方法由生疏到经验积累的试验过渡期,6—10 年的占比 33.67%,这些处于发展期的班主任,对自己的工作有了更深刻的理解和认识,工作中已积累一些班主任工作心得和体会,工作起来较为得心应手。对于很快进入发展期的班主任,只要管理、培养的措施科学合理,会有更多优秀的班主任在德育工作中脱颖而出。调查显示(图 1-4),班主任工作年限在 15 年及以下的占比高达 90.51%,班主任工作年限在 10 年及以下的占比仍然高达 72.41%。这就意味着,在班主任群体中,具有丰富工作经验的班主任比例偏低。一方面可以看出学校希望更多的年轻教师担任班主任,另一方面也可以看出工作经验丰富、工作年限长的班主任相对较少(具有 16 年以上班主任工作经验的教师只占 9.49%),老班主任传、帮、带的作用削弱,一些学校缺乏相应机制鼓励教师长期担任班主任。综上,全省班主任队伍结构是以中青年教师为主,是一支年轻化、处于发展期、学历层次较高的队伍,在德育管理工作和班主任队伍建设中,拥有较大的发展潜能。

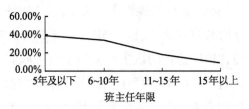

图 1-4 江苏省职业学校班主任年限比例情况(班主任问卷)

2. 班主任工作任前教育不足，知识结构不合理

从调查问卷得知，江苏省中职学校近7成班主任在参加工作前没有接受班主任课程教育。班主任在上岗前没有得到专门、系统的训练，由于江苏省中职学校年轻班主任较多，这将直接导致许多年轻班主任的工作理论素养和思想道德教育的专业技能欠缺，不能很好解决中职学校学生中的一些热点、难点问题，甚至他们自身对这些问题都会产生困惑，班主任的知识结构、理论素养、专业素质与中职学校改革和发展的需求不适应。

3. 班主任聘任以学校委派居多，自愿担任的较少

调查数据显示，66.99%中职学校班主任聘任方式为学校委派，只有25.04%中职学校班主任聘任方式为自愿担任，1.67%中职学校班主任聘任方式为临时调配，6.3%中职学校班主任聘任方式为其他。

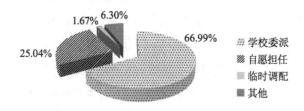

图 1-5　江苏省职业学校班主任聘任方式情况

虽然，江苏省中职学校自愿担任班主任的比例已达到25.04%，但江苏省中职学校班主任人才仍显捉襟见肘，有些基层中职学校的德育管理者只能如同"抓壮丁"一般硬性委派班主任。在这种背景下，班主任选聘民主化、多样化，如通过主题演讲、即兴案例处理、团队活动设计、心理分析等比赛方式，让优胜者优先出任班主任，这样的班主任选聘思路，在很多基层中职学校都无法得到实践。为此，我们必须科学规划班主任队伍建设，切实提高班主任各项待遇，通过立足长远的规划，优化队伍结构，形成科学合理的班主任梯队。

(二)班主任待遇情况

1. 班主任津贴总体偏低,收入与付出不相符

从调查数据得知,44.42%中职学校班主任津贴月平均金额低于500元,45.06%中职学校班主任津贴月平均金额为500~800元,7.02%中职学校班主任津贴月平均金额为800~1000元,只有3.51%中职学校班主任津贴月平均金额在1000元以上。

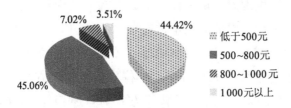

图1-6 江苏省职业学校班主任津贴月平均情况

从以上数据来看,全省有超过4成的班主任津贴月平均金额仍低于500元,只有1成左右的班主任津贴月平均金额超过800元。对比班主任月平均津贴与任课教师月平均课时津贴后发现,40.27%中职学校班主任月平均津贴低于任课教师的月平均课时津贴,27.43%中职学校班主任月平均课时津贴与任课教师月平均课时津贴相仿。

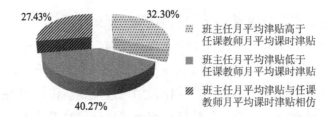

图1-7 江苏省职业学校班主任月平均津贴与任课教师月平均课时津贴比较情况

近7成中职学校班主任月平均津贴低于任课教师月平均课时津贴或与任课教师月平均课时津贴相仿,这与中职学校班主任实际工作强度不相匹配。综合以上数据,我们可以得出以下结论,江苏省大部分中职学校班主任津贴还比较低,工作的高付出和收入相对低

回报对比比较明显。

2. 班主任教学工作量偏大，工作负担重

调查发现，31.02%中职学校班主任每周满教学工作量的课时数为8~10节，44.02%中职学校班主任每周满教学工作量为11~12节，甚至还有17.15%中职学校班主任每周满教学工作量在13节以上，只有7.81%中职学校班主任每周满教学工作量在8节以下。

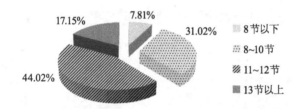

图1-8　江苏省职业学校班主任每周满教学工作量的课时数情况

以上数据表明，江苏省中职学校大部分班主任在承担繁重的学科教学任务的同时，还兼任着与学科教学任务量相当甚至更大的班主任工作。

3. 班主任工作无边界，职业压力大

中职学校一线班主任既要做好班级日常管理工作，维护班级秩序、处理学生各种问题、完成学校各项考核，还要配合学校做好各级各类、各种各样的检查评估，协调好社区、家长、班级任课教师的沟通协调等工作。日常工作中，班主任工作琐碎且繁重，例如保障学生的人身财产安全，为学生办理医保卡、市民卡、公交卡等，班主任工作越来越没有边界。过重的工作负担、过大的职业压力给中职学校相当数量的班主任带来不同程度的职业倦怠感，这种现象不利于班主任队伍的稳定和班主任自身业务能力的提高，更不利于学生的健康发展。切实减轻中职学校班主任工作负担、明确工作边界、减轻工作压力，是目前中职学校班主任工作迫切需要解决的问题。

（三）班主任制度管理情况

1. 班级管理工作量大，普遍未按规折算

从统计数据来看，42.19%的学校班主任每周工作量折算课时数为零，17.94%的学校班主任每周工作量折算课时数为1~2节，14.04%的学校班主任每周工作量折算课时数为3~4节。不符合《中小学班主任工作规定》"班主任工作量按当地教师标准工作量的一半计入教师基本工作量，各地要合理安排班主任的课时工作量，确保班主任做好班级管理工作"的要求。

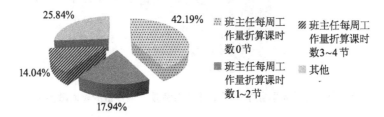

图1-9 江苏省职业学校班主任每周工作量折算课时数情况

2. 班主任考核评价机制相对单一

评价是影响班主任专业发展的重要因素。问卷调查显示，95.53%的学校利用月度、学期、年度考核的方式对班主任进行考核和评价；75.68%的学校利用学生座谈或学生测评的方式对班主任进行考核或评价；31.74%学校采用任课老师评分的方法对班主任进行考核或评价；30.86%的学校利用班主任专业化水平测试对班主任进行考核或评价；其他方面的考核评价方式仅占21.13%。上述结果可知，大多数职业类学校仍主要以月度、年度考核办法对班主任进行考核或评价，长此以往会导致班主任只依照考核内容开展工作，功利性应付式地完成工作，单一的考核模式很难激发班主任的工作热情。

3. 班主任专业化发展措施多样化，立足长远

打造专业化的班主任队伍，推动班主任的专业化发展，是促进学生教育进步的重要举措。教育行政部门和学校要从制度上为每一位班主任教师创设公正、宽容的环境，使得班主任工作这项专业化的、复杂的、充满挑战性的系统工程得到进一步的发展。

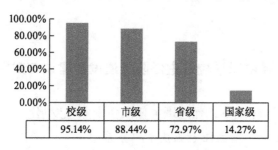

图1-10　江苏省职业学校各校班主任培训级别情况

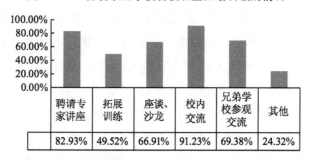

图1-11　江苏省职业学校各校班主任培训方式情况

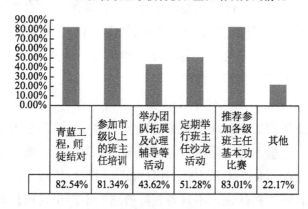

图1-12　江苏省职业学校青年班主任专业成长途径情况

注：以上三张表格调研结果为多项选择结果。

从调查结果看，江苏省内的各职业类学校对于班主任的专业成长与各类培训都非常重视，通过多种形式开展全员培训，促进班主任转变教育思想和观念，掌握现代教育理论，树立爱心意识、服务意识和责任意识，从而提高班主任教师队伍的专业化水平。

二、加强中职学校班主任队伍建设的建议与对策

（一）深化改革，促进班主任队伍专业化发展

1. 探索设立班主任专业技术职务系列

江苏省中职学校年轻班主任偏多、班主任聘任危机是困扰中职学校管理层的一个大问题。究其原因，班主任工作激励机制不完善是一个很重要的因素。近年来，各中职学校制订了《班主任绩效考核方案》，在绩效考核上对班主任进行经济方面倾斜，但广大教师不仅是"经济人"，他们也是"社会人"，有"自我实现"的要求，设立班主任专业技术职称体系也许可以很好地解决这一问题。《班主任专业技术职务体系》《中小学班主任管理规定》和各校的《班主任绩效考核方案》，可以成为一个完整的班主任激励机制体系。在这一体系下，班主任可从基本能力、工作业绩、德育活动、德育科研等方面通过职称评聘，享受不同的职级待遇，履行不同职级职责，实现班主任管理的绩效科学化，建议在条件成熟的地区试行、总结经验，再逐步完善、推广。

2. 建立健全班主任聘任机制

各职业学校能充分认识班主任对学生学习生活乃至人生成长的重要作用，思想上高度重视班主任的聘任。聘任机制健全主要体现在以下方面：一是严格班主任工作的准入制，担任班主任的教师应首先通过教师资格认证，不具备教师资格的不能正式担任班主任一职。二是明确班主任基本要求，精心选拔优秀教师担任班主任。所有职业学校都应坚持选派思想素质好、业务水平高、教育经验足、能力和责任心强的优秀教师担任班主任。不少职业学校还可鼓励学校中层干部和具有副高职称的、经验较为丰富的教师担任班主任，

为青年班主任做示范。三是制定班主任选聘办法，规范推进班主任选聘工作。结合本校实际制定《班主任工作条例》《班主任聘用办法》，每学年初，严格执行发布选聘公告、个人申报、系部考察，学校综合比照和班主任双向选择、聘前广泛征求意见等程序选聘班主任，力求聘任那些对学生有爱心、对工作有热情，思想觉悟高、工作能力强的教师担任班主任。四是突出班主任工作自主申报，择优选聘班主任。在选拔过程中学校应增加教师自主申报环节，变"要我当"为"我要当"，把选择权交给教师，从另外一个侧面强化班主任的主动意识、责任意识。

3. 健全完善班主任专业培训体系

班主任培训是班主任专业化发展的重要保证。本次调研显示，江苏省中职学校班主任培训班数量大、形式多，但是，各地的班主任培训方式还具有时长短、无系统、难预设、针对性不强、时效性不足等现实问题，建议建立一套系统、高效的班主任培训体系，注重岗前培训、接受选聘、持证上岗、岗位培训、岗位高级研训的递进性、螺旋性、系统性，重点加强青年班主任培训。各中职校应从自身实际出发，以人为本，科学制定培训规划，建立分层次、多形式的培训体系，不断提高班主任理论素养和业务水平。

（二）搭建多种平台，提高班主任职业幸福感

1. 提高班主任待遇，薪资表彰双激励

班主任的付出要与回报成正比，这种回报首先应是经济回报。我省中职学校班主任津贴总体偏低，我们建议政府逐步适当增加投入，提高班主任的津贴。做到收入分配的公正公平，才能产生普遍的激励作用。建议在提高班主任津贴总体水平的前提下，将班主任津贴分为班主任补助和绩效工资两部分，班主任补助由各地财政按月发放给班主任，绩效部分由各校根据班主任的工作量和工作业绩分档次发放。

作为班主任群体，更高层次的需要是来自社会、学校、同事、学生对他们工作的肯定，表彰激励对于高压力下的班主任群体是一

种极为有效的激励方式。要建立健全各级班主任表彰制度，尤其是省级层面的表彰制度，对成绩显著、有影响力和知名度的班主任老师、学校德育管理工作者分别授予"优秀班主任""优秀德育工作者"等荣誉称号，激励教职工投身于教育事业；要建立班主任基本功国赛、省赛获奖选手奖励制度，加大对班主任基本功国赛、省赛获奖选手的奖励力度，帮助学校在中职班主任队伍建设中搭建发现与培养、锻炼与展示、交流与合作、发展与进步的平台，促进班主任工作能力的提升和学生的健康成长。

2. 落实班主任工作量，计入基本工作量

建议按照《中小学班主任工作规定》中相关要求，江苏省中职学校明确班主任应当将教学和班主任工作都作为自己主业，适当减少班主任的教学工作任务，理想目标是在确定班主任工作可以抵消一定课时工作量的基础上，减少班主任的教学课时数，让他们有更多的时间来做好班主任工作。同时，将班主任超出的课时纳入相应工作绩效考核。

3. 明确班主任职责和权限，让工作有边界

"工作无边界，责任无限大"，让很多基层教师不愿意担任班主任工作，也使班主任产生了不同程度的职业倦怠。各级教育行政部门应尽快明确、细化班主任工作职责，给班主任"减负、减压"。在学校管理中，应体现"双主体"的理念，即管理者（校长、主任等）是学校、系部管理的主体，班主任是班级管理的主体，两个主体应相互理解、配合。

4. 重视班主任的精神状态，设立班主任心理辅导渠道

中职学校班主任队伍是一个比较特殊的群体，他们所面对的对象是基础教育阶段的特殊群体，他们平时的工作内容琐碎且繁杂，他们所承受的心理压力也普遍高于社会的其他群体。建议教育部门、学校设立班主任心理咨询室和心理咨询热线，让他们的职业压力及倦怠、焦虑等心理问题能有排解的场所和途径。

（三）完善班主任管理机制，提高班主任整体素质

1. 创新班主任聘任机制

针对中职学校班主任选聘难度大的现状，建议完善班主任选聘制度。可参考本次调研中部分中职校的做法，学校首先出台制度，所有教师都有担任班主任工作的义务（因特殊情况不能担任班主任工作的教师可提前向学校提出申请），建立班主任人才库，然后将班级基本情况公示，公开"招标"，班主任人才库中的教师根据自身情况"投标"，最后学校根据"投标"情况、教师的素质及班级的现实需要综合确定合适的班主任人选后予以公示。拒绝担任班主任的教师，取消一定期限的评优评先资格。

2. 丰富班主任班级管理机制

针对班主任单打独斗的现状，建议丰富班主任班级管理机制，实现班主任与任课教师相互配合、通力协作管理班级、教育学生的良好局面。可参考本次调研中部分中职校的做法，试行班级德育导师制，组建以班主任为核心，班级任课教师为成员的德育导师团队，每个任课教师作为一个德育导师负责一定数目的学生，一方面可实现全员、全程、全方位育人的目标，另一方面也可丰富德育资源，以达到个性化育人的目的。

3. 健全班主任评价机制

首先，保证评估指标的合理性。职业学校班主任评价指标可以分成三类：第一类指标主要反映职业学校班主任的工作成效；第二类指标主要是用于对职业学校班主任的班级管理过程进行评价，如组织课内外学习、组织协调各方面关系等；第三类指标是反映职业学校班级工作特点的奖优罚劣指标。

其次，保证评估内容的全面性。对于一般的职业学校来说，班主任工作的评估内容主要包括三个方面：一是评价班主任工作的效果，看所带班级全体学生诸方面的实际发展水平；二是评价班主任的工作效率，考查所带班级全体学生学习技能的情况；三是评估班主任其他职责的履行情况，即组织班集体活动，协调各方面关系的

实际水平。从而从总体上评定出班主任对教育事业所做的具体贡献。

再次,保证评估手段的科学性。建议教育行政部门进一步明确班主任评价原则、方法、标准等,健全班主任评价机制。对班主任的评价建议采用班主任自评、互评,班主任校内他评,班主任校外他评等全方位、系统性、多元化的综合评价。班主任校内他评是指班级学生、班级任课教师、学校领导考评小组和校内其他部门管理人员的综合评价,班主任校外他评是指班级学生家长评价和校外专家的班主任发展性评价。总而言之,将自我评价和他人评价二者结合起来。

(四)注重工作创新与研究,加速班主任专业成长

班主任工作是一项艺术,班主任专业成长是需要不断研究和创新的。近年来,全省各职业学校都非常注重班主任的专业成长,各学校在长期的管理工作中形成鲜明的德育特色。

1. 创建名师工作室,创新德育管理模式

开展各级各类班主任名师工作室遴选活动,鼓励对班主任工作有研究、工作成效显著的班主任设立名师工作室,这既是对优秀班主任的肯定,又可以充分发挥好优秀班主任的示范和辐射作用。例如,笔者学校对照《江苏省中等职业学校名师工作室建设标准》《苏州市中等职业学校名师工作室建设于管理实施意见(施行)》等文件精神,开设"陶华山德育管理名师工作室",以"乐育英才"为引领,以大数据时代互联网思维为背景,以德育名师培养为方向,以共同体为组织形态,以"线块结合高点位"式培养为主要模式,紧扣一个"实"字,充分发挥工作室"共同体、孵化地、辐射场"的功能,探索德育管理的创新模式。

2. 打造特色化德育队伍,创新德育格局

德育队伍建设是德育工作的关键,是德育持续发展的永恒动力。学校重点在提高德育干部领导力、优化班主任执行力、培养学生"三自"管理能力、形成全员育人合力四方面开展工作。学校

可建立三个层面的德育网络。一是校级层面，德育领导小组——德育分管校长——学生处、团委、校学生会；二是系部层面，系部均分设专职德育副主任——德育干事、团总支书记、系学生会等；三是社会层面，整合关工委、校企合作企业、家长委员会、青少年活动中心、社区、法院等社会组织和社会资源。在德育干部中实施"四化四心"培育工程，即理念学习化、工作专业化、管理服务化、育人攻心化；爱心对学生、真诚心对同事、责任心对工作、感恩心对学校。

班主任队伍建设是德育工作的核心。近年来，针对班主任年轻化、价值多元化、信息网络化等实际特点，笔者所在的学校开展了"八个以"行动，即以提升班主任幸福指数为出发点、以研究学生为德育第一课题、以提高服务班主任工作为核心、以完善现代新型班主任管理制度为基础、以班主任基本功大赛为契机、以信息化减负班主任工作为手段、以"请进来、走出去"开展德育讲座培训为载体、以学习全媒体时代班主任工作新挑战为动力。在德育"师徒结对"传帮带过程中，搭建班主任工作经验交流平台，开展班主任论坛、沙龙、主题班会、专题研讨会等活动促进班主任专业成长与发展。2021年，笔者所在校开办了班主任节，组织系列活动，充分提升了班主任的幸福感和成就感。

3. 借力科研，推动班主任专业发展

理论指导实践，德育科研不仅是学校德育工作的引领，也是推进教师专业成长的重要载体。省内各个职业学校将班主任科研作为推进班主任专业化的有力抓手，不少职业学校拿出专项经费鼓励班主任申报德育课题，在省职教学会的大力支持下，一大批班主任投身班主任工作及班级管理研究之中。不少学校开展特色化德育科研活动，例如，"读一本教育专著""研究一个教育现象""写好一篇德育随笔""发表一篇学生管理论文"。学校编印德育论文集和教育案例集，择优推选到市级或更高级别的评比中，不断提高班主任理论素养和实践能力，使其得到长足的发展。

4. 开发项目，经营特色德育品牌活动

德育项目是职业学校开展德育工作的有效途径，也是班主任增加管理经验与水平的有效载体。部分地区的职业学校能积极开发校本特色德育项目，如南通市海门中专"弘謇教育"，即通过弘扬张謇自强不息的爱国精神、百折不挠的创业精神、知行并进的职教思想，使班主任在传承与超越中树立以生为本的工作理念。又如笔者所在学校遵循"小一点、近一点、实一点、精一点、美一点"彩虹德育理念，践行习总书记提出的"让每个人都有人生出彩的机会"重要指示，积极做到因材施教，变管理为激励，充分调动学生自我肯定、自我管理、自我辐射的积极性，扩大学生学习榜样的视角，实现多元化的德育评价，使学生享受成功的喜悦。

班主任队伍素质不仅能衡量中职学校学生管理水平，而且直接影响着中职学校学生素质的高低。目前，中职学校班主任队伍建设虽然取得了一定的成果，但仍存在着如何健全班主任管理体系、如何构建班主任发展体制、如何提升班主任专业化水平等理论和实践方面的困惑和困境，还需各级德育管理者们不懈努力。

第二章 全员育人

第一节 现代职教视野下全员育人的内涵、特点及价值研究

现代职教是指适应地方经济社会发展需要,满足人民群众多样化职业教育需求,形成由中职、专科、本科到研究生的有机衔接,职业教育、普通教育、继续教育相互沟通的现代职业教育系统。现代职教强调适应现代产业体系建设和人的全面发展要求,遵循技术技能人才成长规律的需求;强调增强人才培养的针对性、系统性和多样化需求;强调人才培养的多元立交,搭建职业教育人才成长"立交桥"。本文中的现代职教内涵更多指的是中职教育层面。

一、现代职教视野下"全员育人"内涵诠释

在现代职教体系和视野下,宏观意义上"全员",不仅仅是指学校层面的"全员",学校的教师等全员参与的教书育人、服务育人、管理育人、思想育人,以及文化育人等系统工作,而是涵盖学校以及家庭、社会及学生自己等因素的广义的"全员"系统,是大的全方位的育人系统,是"社会全员"形成合力,实现多方面、多角度、多层次育人的系统。全体社会成员都须有育人意识,并能为育人创造良好环境,不同职能部门、不同单位、不同社会群体发

挥各自的优势，"全员"团结在"育人"这个中心周围，纵向到底，横向到边，专职兼职结合，做到目标一致，形成"全员"的有机整体。

所谓"师者，传道授业解惑也"，对于教师而言，尤其是职业学校的教师，"师者"并非上好课，完成相应的教学任务即可，在思想上将"教学"和"育人"人为分割是不对的。在狭义和传统的理念中，"全员育人"更多的只是停留在学校的内部层面，是德育课教师及班主任等的管理和育人，但在现代社会的发展中，现代职教视野下，"育人"的内涵，不仅是指知识的传授，更是涵盖思想的启迪、道德品质的养成，以及文化的传承等综合的培育。

（一）全员育人是"大德育观"

在现代职教视野下，"全员育人"的范畴是延伸和拓展的，涵盖了全员参与、全方位参与、全程参与、全心参与育人的大德育观。

具体而言，"全员参与"育人指的是由指学校、家庭、社会组成的"三位一体"的育人机制和德育工作机制。本课题研究现代职教视野下苏州中职学校教书育人、管理育人和服务育人的策略，研究整合社会企业资源和家庭资源的全员育人策略。"全员参与"育人强调三位一体有机融合，三位一体并重，整合社会资源，合并参与，多维联动育人，形成交叉渗透、统一和谐的大德育工作育人体系。"全程参与"育人指的是对人才的纵向培养，结合职校学生的生理心理特点、思想发展动态，引导学生规划职校学习生活，规划制定不同学制阶段的德育重点及方法措施，把育人内容渗透到学生的各个教育过程中。"全方位参与"育人指的是对人才的横向培养，以量化的显性德育分值管理和隐性的德育渗透相结合，通过多种方法对学生的学习生活等各方面进行潜移默化的教育，提升职校学生的素养。"全心参与"育人主要是各层面育人主体的态度及敬业精神，从多方面围绕德育目标，充分发挥主观能动性，对学生开展德育宽度和深度的培养。总而言之，"全员育人"就是"责任到人、纵横结合、态度主动"的大德育观。

（二）全员育人是"德育育人机制"

"机制"一词最早源于希腊文，是指机器的构造和运行原理，文中指的是内部的组织及运行变化的规律。按照功能来分，机制的功能有以下三种：激励机制、制约机制、保障机制。具体而言其功能作用分别是：调动管理活动主体积极性；管理活动有序化、规范化；为管理活动提供物质和精神条件。在职业教育的育人系统中，"全员育人"机制，是指在育人过程中，要求整合德育资源，疏通德育育人的渠道，根据新的职教视野和要求更新德育内容，进一步建立健全学校统一领导、全校教职工积极参与，并整合社会、企业、家庭等资源共同教育学生，将由注重学生学业专业成绩真正转变为关注学生全面综合发展的育人机制，进一步形成"时时涵盖育人理念、综合承担育人内容、处处渗透育人内容、事事体现育人功效"的优良育人格局。

"全员育人"作为德育工作机制，应该构建和规范五个方面维度的机制："全员育人"的系统管理结构；系统的人员协调机制，即学校、社会、家庭等各方面育人队伍的机制；"全员育人"机制的考核制度；"全员育人"机制的德育育人环境和文化氛围，即社会和家庭育人的氛围，以及学校的文化育人和熏陶氛围；"全员育人"机制的资金保障制度。

二、现代职教视野下职业教育"全员育人"的特点

在现代职教视野下，职业教育要培育和践行社会主义核心价值观，强调多方位育人，强调创新各层次各类型职业教育模式，努力让每个人都有人生出彩的机会。2014年，教育部印发的《中等职业学校德育大纲》，强调全员全程全方位育人理念，强化形成德育工作合力。中共中央、国务院《关于进一步加强和改进大学生思想政治教育的意见》也指出，要建立健全学校、家庭、社会相结合的

思想道德教育体系，这些都为研究全员育人的工作提供了新的视角，强调育人途径由单一的学校资源向社会、家庭、企业多元多维途径的转换。结合教育部《关于加强家庭教育工作的指导意见》等文件，职业学校必须加强对家庭教育工作合力的重视，加快形成家庭教育、社会支持网络。

现代社会的快速发展，现代职教视野下，职业教育的发展从类型上讲有别于普通中学教育，属于职业技术教育范畴，德育内涵有其特殊性，职业教育"全员育人"特点体现在以下几方面。

第一，实践性。职业教育以"校企合作，工学结合"的人才培养模式，培养的是在服务、生产、管理等一线岗位上具有一定动手操作能力的技术技能型人才，学生在校期间既要学习必备的专业知识，更需要掌握专业技能，校企合作育人不可或缺，因此，实践性是职业教育过程中突出的特点之一。

第二，职业性。这是职业教育最本质的特点。职业教育的人才德育培养目标既注重普通的德育目标内容，又突出职业责任及素养等教育核心，培养学生的职业道德、职业规范等，突出体现职业综合能力的培养，需要职业学校的全员育人工作实效性到位，引导学生树立新时代的"匠人"职业精神，培养学生的团队合作精神等。

第三，社会性。现代职教的发展，使职业教育的育人工作更具有开放性，家庭、社会、行业、企业等都在育人过程中有不可替代的作用，因此，现代职教视野下的全员育人工作必须打破原有的片面式、封闭式和灌输式的做法，以学校育人为核心，整合德育资源，创新德育育人模式，构建和形成开放式、整体式的职业教育育人新模式。

三、现代职教视野下职业教育"全员育人"的价值体现

根据调研，社会企业对职业学校人才的需求，看重的素质依次是忠诚度、职业道德、思想品德、吃苦耐劳的工作态度、与人合作

的能力、身心素质等,因此,从育人角度来说,需要全社会、企业及家庭的合力,共同育人。现阶段职业学校德育全员育人工作,在实施过程中存在诸多弊端。德育的"全员育人"理论早已有之,育人为本、德育为先的理念未落到实处,科学性、完整性尚不够,在实践过程中运行也较为封闭,全员的育人意识、育人氛围、育人合力、育人质量和育人效果都有待提升。

德育是一项系统工程,立德树人是全社会的共同责任。每个人在成长过程中,必然会受到周围环境的影响,因此,德育的育人功效在这些影响中起到决定性的作用。在现代职教视野下,强调适应人的全面发展要求,职业教育的终极目标必须是学生的终身发展,帮助学生树立正确的世界观、人生观及价值观,满足学生可持续性发展的需求,做"教学生五年要着眼于学生五十年"的教育,在整合全员育人的各方面资源,开发整合学校、家庭、社会等资源,定位好德育总体目标和分项目标,共建全员育人"立交桥",构建职业教育全员育人体系,积极营造"学校的所有老师都是德育教师,学校的所有课程、学校组织的所有活动,都应是德育活动,整个学校就是一所德育学校"的氛围,其他育人主体单位也是如此,由此必然会产生长效深远的价值。具体而言,要做到以下几点。

第一,促进学校、社区、企业、家庭等全员育人德育合力建设,提升"育人"意识。

在充分发挥学校系统德育主阵地作用的基础上,现代职教视野下的全员育人,更注重深度挖掘学生在工学交替和企业实践期,企业所起的育人主导力量,拓宽企业中施教者对学生生产育人的责任,爱岗敬业教育、引导学生处理社会人际关系、与人协作等德育内容,将从"学校人"到"社会人"的内容衔接融入教学内容。结合职业学生家庭中存在的突出问题,进一步推广家庭教育典型榜样和案例,挖掘发挥各级各类家庭教育学术团体等的作用,促进家庭教育育人的实效性。

第二,促进全员育人阵地的德育合力建设,营造"育人"

氛围。

　　学校、家庭、社会是职业学生学习、生活的环境,三者在德育方向上应该保持一致,加强"内外阵地"力量,形成"全员"育人阵地,促进全方位、多环节、立体式显性教育及隐形的德育影响合力,最终营造"育人"氛围。现代职教视野下,全员育人要求加强学校德育阵地,包括思政课的建设,专兼职德育工作者队伍的建设,培养理想信念坚定、思想政治素质过硬,理论造诣深远的德育育人队伍;加强学校宿舍等文化育人阵地建设、学生社团平台的阵地建设。同时加强职业教育育人的网络等新媒体建设,弘扬主旋律,规范管理制度,充分以媒体平台和资源营造全员育人的氛围。

　　第三,促进全员育人德育施教主体的合力建设,形成"育人"合力。

　　德育是一个全方位、多层次、复杂多变的系统性工程。从德育主体而言,学生和德育教育者都是,从施教的运行而言,教育者是组织者和实施者,在职业教育育人体系内,施教主体包括思政课教师、辅导员、班主任、其他教职工、家长、社区工作者、企业人员等。德育育人的合力需要挖掘校内教职工对学生的育人作用,促进教职工对学生的德育教育能力,引导、关爱、培养学生;需要挖掘整合家长、企业教育者的教育合力,促进学生职业道德教育、职业素养等的培养;同时,所有的施教者还有责任教育、引导学生,起到"他律"的教育作用,也要从学生这个主体需求出发,帮助其唤醒对自身角色的认知,使其"自律",形成大范围有层次的育人合力。

　　第四,促进全员育人德育载体的合力创新,提升"育人"质量。

　　毛泽东同志说过:"我们的任务是过河,但是没有桥或没有船就不能过。不解决桥或船的问题,过河就是一句空话。"任何观念和思想都必须有载体,才能发挥功效。现代职教视野下,全员育人的合力也必须有载体才能实施,才能提升育人的质量。全员育人德育载体要有中介和承载的作用，通过作用，起到合力的创新。包括三类载体：德育课程，校园、企业和社区文化，新传媒；三条途径：相关的理论、实践以及结合各自实际的育人读本；教育志愿者同盟等社团和社会活动组织、家长教育培训师等；现代社会突出问题所需要的心理辅导等各类德育载体。在新的社会发展过程中，学生的德育育人问题也不断注入新的内容，这些载体和途径以显性和隐性的育人功效，根据校情，学生的学情，家庭情况的不同，可以灵活启用，起到合力作用，提升全员育人的整体质量，达到极佳的德育育人效果。

第二节 现代职教视野下苏州职业学校德育公益服务项目的设计与实施研究

2016年9月至2018年2月，笔者与苏州高等职业技术学校刘江华、陈丽、沈丽、丁松、顾静、王云峰等老师一起开展了2016年苏州教育改革和发展战略性与政策性研究课题："现代职教视野下苏州职业学校德育公益服务项目的设计与实施研究"研究工作，并顺利结题。

一、研究背景

（一）实现中国梦，构建和谐社会的需求

习近平总书记在参观"复兴之路"的展览时对中国梦这样阐释的：到中国共产党成立100年时全面建成小康社会，到新中国成立100年时建成富强民主文明和谐的社会主义现代化国家。在这样的背景下，公益服务活动已然成为社会发展和进步的第三种力量。跟随时代的步伐，我们充分利用职业学校现有的资源优势，努力去完成现代职教视野下苏州职业学校公益服务项目的设计与实施的课题研究，为实现中国梦贡献我们的力量。

（二）加强"立德树人"德育育人的需求

培养德智体美全面发展的社会主义合格建设者和接班人是学校德育工作自始至终的主题，党的十八大报告也指出，要"把立德树人作为教育的根本任务，培养德智体美全面发展的社会主义建设者和接班人"。可见，"育人为本、德育为先"就是学校德育工作的根本要求。青年学生是社会上最有活力的群体，也是接受新鲜事物、新鲜知识最快的群体，但是他们的心智还不够成熟，对价值观的判断缺乏科学的标准，对社会上一些不良思潮抵抗能力差，加强德育显得必要而迫切。

（三）提升学生自我、实现自身价值的途径需求

参与公益活动，学生们会努力使自己融入整个团队中，这对锻炼他们的交往能力与融入社会生活的能力起到很大的作用。此外，学生们在服务社会、回报社会的同时，也会深切感受到自己的努力给他人带来的温暖，感受到价值的实现，获得认同、肯定等正向心理感觉，有助于他们树立正确的世界观、人生观与价值观，形成积极、健康的心理状态，更好地适应外界环境。

（四）为苏州教育规划发展提供政策性参考的需求

职业学校作为一个特殊的社会群体，有着自己得天独厚的人力与技术资源，对于社会公益服务可以发挥自己独特的作用。目前我国各类文献和研究中，对于大学生群体公益服务的研究比较多，对于职业类学校如何发挥公益服务功能的研究很少，本课题的研究正好填补这一空白，旨在为苏州的教育发展提供政策性参考，同时，这项研究对于职业类学生了解社会、参与社会、拓宽视野有着积极的作用。

二、研究意义

（一）培育全面发展的高素质人才的重要途径

现代职教强调适应人的全面发展要求，中职教育的终极目标必

须是学生的终身发展，帮助学生树立正确的世界观、人生观及价值观，满足学生可持续性发展的需求。职业学校学生最终是进入社会的。以公益服务为载体，促进学生对社会的了解，积累社会人需要的基本素养十分重要。

（二）苏州职业教育育人的重要方面

当前苏州各中职学校的育人普遍存在的"重技能，轻德育"的状况，中职人才培养在社会公德、社会洞察能力、学生的人际交往能力、活动组织能力及社会适应能力和职业道德方面有所缺失，尤其在与社会企业及家庭教育资源整合方面有脱节，缺乏社会企业、家庭等资源的育人平台。学校应通过组织各类公益活动，培养学生实践动手能力和社会洞察能力；通过独特公益服务项目，培养学生的交际能力；通过公益服务项目的实施，学生能够锻炼自身的活动组织能力，提升自身适应社会的能力。

（三）为苏州职业教育改革发展提供政策性建议及意见

公益服务项目要实现可持续发展，一个良性的发展环境和各界的支持和鼓励都是十分重要的，本课题的研究，旨在为苏州职业教育改革发展提供政策性建议，为后续研究提供理论和实践依据。

三、研究核心概念的界定

现代职教视野：现代职业教育是适应地方经济社会发展需要，满足人民群众多样化职业教育需求，形成的实现了中职、专科、本科到研究生的有机衔接的，职业教育、普通教育、继续教育相互沟通的现代职业教育系统。现代职教强调适应现代产业体系建设和人的全面发展要求，遵循技术技能人才成长规律的需求；强调增强人才培养的针对性、系统性和多样化需求；强调人才培养的多元立交，搭建职业教育人才成长"立交桥"。在这样的职业教育体系的范畴里，以各级各类职业院校和职业培训机构为主要载体，具有适应需求、有机衔接、多元立交的特点。

职业学校是一个职业与技术教育实施的地方和场合。苏州职业学校就是展现苏州地方特色,以传授职业和技术知识为目标,让个体能够实现自我人生价值的场所。

公益服务:"公益服务"一词已被广泛使用,但对于公益服务的概念却有不同的解读。一类从公益服务的目的出发,认为:"公益服务是指不以营利为目的,为全体人民提供服务的行为";一类从内容出发,认为公益服务包括市场与非市场服务,其中具有大众权威阶层服务于特定的公众服务的义务,它倾向于具有经济性和技术性质,通常指公用事业、公交运输和其他技术服务。本课题中的公益服务是指职业学校的公益服务,即为了强化参与者的道德人格形象,立足于人道主义精神或者构建和谐社会理念,按照一定的社会要求,有目的、有计划、有系统地组织学生群体,利用职业学校的德育及专业资源优势,为学校及学校以外的社会群体提供无偿服务的过程。参与公益服务的群体普遍具有热心公益、胸怀理想、积极主动的心理特点,通过服务社会、奉献社会,最终达到提升自我、助益他人、有利社会的目标。

四、研究目标

通过研究,了解现代职教视野下苏州市学校公益服务项目设计与实施现状,把握苏州市学校公益服务项目设计与实施的内涵及价值;通过研究及项目设计,发挥了现代职业学校的资源优势,分析实施活动形式,以更加丰富活动项目,令受益的群体更多更广泛;通过研究及项目是实施,激发职业学校的学生服务社会、奉献社会的强大动力,职校生成为推动社会福利事业发展的生力军,并达到提升自我、助益他人,有利于社会的目标。

五、研究内容

（一）苏州市职业学校公益服务项目设计与实施现状研究

子课题组利用课余时间，采用了网络调查以及实地调查相结合的模式，就苏州职业学校公益活动情况进行了具体调查。共发放了问卷2 000份，回收问卷1 900份，可用问卷1 843份。从调查情况来看，苏州职业学校公益活动的开展相比以往虽然取得了一些成绩，但也存在很多的问题：公益活动参与状况不够理想、组织主体单一、内容不够丰富、动机不够正确、能力存在欠缺。针对这些问题，课题组进行归纳总结并提出能够在未来采取的有针对性措施，以改善学校公益活动情况。总而言之，苏州职业学校公益活动开展任重而道远，需要在公益活动的开展方面持续不断地努力，调动一切可以调动的资源，动员更多的主体参与其中，丰富公益活动形式，开创公益活动新局面。

（二）苏州市职业学校公益服务项目设计与实施的内涵价值研究

现代职教强调适应人的全面发展要求，中职教育的终极目标必须是学生的终身发展，帮助学生树立正确的世界观、人生观及价值观，满足学生可持续性发展的需求。公益服务项目的实施，有利于学生核心素养和公益精神的培育，是将思想政治工作与实践教育的创新结合。同时职业学校作为一个特殊的社会群体，有着自己得天独厚的人力与技术资源，可以发挥自己独特的作用，从而实现奉献他人，提升自己。职业学校进行公益服务项目设计与实施的具体的价值，主要体现在以下几个方面：公益服务是德育育人的有效载体，学生发展核心素养的重要内容，学生提升自我、实现自身价值的重要途径，产生社会示范效应，充满正能量，是实现"中国梦"，构建和谐社会的需求。

（三）苏州市职业学校公益服务项目的设计开发研究

研究利用职业学校的现有的资源优势，进行现代职教视野下苏州市职业学校德育公益服务项目的设计与研究。通过研究，创新开发新的适合苏州市职业学校的公益项目。研究以《班长管理能力提升公益项目服务设计目的及研究方法》为例，以点带面，通过该项目的设想、计划、实施，证明班长管理能力提升公益项目在苏州高等职业技术学校的实施是可行的。在本课题中，设计者为课题组所有成员，是参与设计的促动者，负责提出话题并激发研究者和使用者参与讨论，促成设计方案的提出；研究者为对特定讨论话题有研究的专业人士，如苏州市教育局人员、苏州市各职业学校校长、高校教授等；使用者为公益项目的直接或间接受益人群，如民办教师、家长、学生等。通过三者互动对话、共同思考、分析研究寻找提高职业类学校班长管理能力的有效途径，为苏州职业教育改革发展提供政策性建议。

（四）苏州市职业学校公益服务项目实施的研究

《教育部关于加强和改进中职学校学生思想道德教育的意见》中也强调指出："组织学生参加公益活动、志愿服务等社会实践活动，提高中职学生的自我教育能力和社会实践能力。"学校的德育工作主要在校园范围内开展各种活动对学生进行育人工作，职业学校的育人工作除了着眼于校内以外，更应该放眼到校外，利用社会资源来开展。组织学生参加公益服务可以说是学校育人工作的有效抓手，为学校的德育工作提供了有效的载体，做到资源最大化。因此，公益服务研究实践不仅是学校德育建设的补充，也是专业性的体现，社会经验的积累，更是团队与形象意识的培养。公益性服务的性质决定了活动的内容和要求，学生作为活动的主体，其言行和服装都需要符合社会价值观的要求，不能有损学校的形象，要起到表率作用，赢得社会的认可。同时，作为团队活动，每个人的分工明确，组织、管理、策划、开展，都需要集体的力量去完成，学生在活动的过程中体会到了团队的和谐与合作，分享到了成功果实，为以后工作岗位上的团队意识的培养提供了体验和锻炼的机会。

（五）开展苏州市职业学校公益服务项目有关政策性建议研究

通过研究，梳理苏州市职业学校公益服务项目的设计开发以及实施的构成中存在的问题，以及对问题的解决方案，最后为苏州市职业教育的改革发展提供政策性建议和意见。

六、研究成果

① 撰写苏州职业学校公益活动情况调查问卷一份。

② 发表论文：《现代职教视野下苏州市职业学校公益服务项目设计与实施现状研究》《现代职教视野下苏州市职业学校公益服务项目设计与实施的内涵价值研究》《现代职教视野下苏州市职业学校公益服务项目设计及实施》《现代职教视野下班长管理能力提升公益项目服务设计研究——以苏州高等职业技术学校为例》。

③ 汇编公益服务项目：《现代职教视野下苏州职业学校公益服务项目汇编》。

④ 撰写结题研究报告：《现代职教视野下苏州市职业学校公益服务项目设计与实施现状研究结题报告》《现代职教视野下苏州市职业类学校公益服务项目设计与实施的内涵价值研究结题报告》《现代职教视野下苏州市职业学校公益服务项目实施的研究结题报告》《现代职教视野下苏州市职业学校公益服务项目设计研究结题报告》。

⑤ 撰写公益服务项目设计方案：《现代职教视野下苏州市职业学校公益服务项目实施政策性建议的研究》《现代职教视野下苏州职业学校公益服务项目活动方案》《现代职教视野下苏州市职业学校德育公益服务项目设计及实施方案》。

⑥ 进行相关课题研究：2017年江苏省职业技术教育学会课题"苏州市职业学校社团建设创新研究"、2017年苏州教育政策性规划性课题"核心素养视野下职教德育育人模式和环境的研究——

以苏州高等职业技术学校为例"、2017年苏州职教学会德育特色课题"朋辈心理辅导在五年制高职学生思想政治工作中的应用探索"、2017年苏州职教学会德育特色课题"传承地方名人文化打造五年制高职校特色德育活动的实践研究——以苏州高等职业技术学校为例"。

⑦ 获得奖项：苏州市优秀家长学校（2017.1）、陶华山被评为苏州市中小学家庭教育课程项目实施先进个人（2016.12）、陈丽被评为苏州市中小学家庭教育优秀家庭教育指导师（2016.12）。

⑧ 研究的各级各项公益服务产生社会效应。

七、研究方法

文献研究法：通过文献收集、整理、分析，归纳国内外现代职业教育体系中职业学校公益服务活动的典型做法，梳理出与课题研究契合度较高的经验举措。

调查研究法：通过考察了解目前现代职教体系模式中已经成型的公益性服务项目，并结合自身学校的特色和有利资源，进行分析和研究。

行动研究法：在自然、真实的教育环境中，我们按照一定的操作程序，综合运用多种研究方法与技术，以解决公益服务项目在实施过程中所遇到的实际问题以及存在的问题为首要目标的一种研究模式，以寻求适合各受众群体和服务对象的公益性服务为目标。

经验总结法：在公益服务项目活动的实践中，我们不断总结和归纳分析，解决项目研究过程中出现的各种各样的问题，使现代职教视野下的公益服务活动能够系统化、理论化，甚至进一步深化为固定模式。

八、研究反思

（一）公益服务组织主体单一

公益项目活动的设计和开展给我们提供了宝贵的经验，同时也给我们带来了挑战，以便不断改进和完善以期取得更好的效果。

（二）公益服务学生参与人数有限

目前一般开展的公益服务活动中，学生参与的人数每次大约在10人，从规模上来讲，属于小范围的学生活动，从活动的宣传辐射角度看，虽然在校外有一定的社会效应，但在校内所起到的作用比较小，大部分学生没有机会参加，无法获得活动的体验。原因就在于中职学校的管理不可能像大学一样，在校的学生还都是未成年人，需要学校的保护，活动的组织还需要老师的带领和管理，人数过多会带来管理难度的增大。

（三）公益服务内容不够丰富

目前职业类学校公益服务主要集中在爱心服务类（助残、助弱、扶贫、募捐等），可以说公益服务类型相对比较单一，这就容易导致师生参与公益活动的兴趣大打折扣，积极性受到打击。出现这种情况的原因在于，公益活动组织主体不能够组织内容更加丰富的公益活动，爱心服务类不过是最基本、最常见的公益活动而已，公益活动的范畴包括但不限于上述几个方面。公益服务活动形式单一，过于说教，缺乏吸引力，导致活动开展的持续性受到影响。

（四）公益服务能力存在欠缺

公益服务并不是只要有爱心就行，同时还需要公益活动参与者具有一定的能力，如果能力欠缺，自然会出现做不好公益活动的情况。目前相关部门缺少对公益者必要的培训，影响公益服务效果，公益活动参与者大多没有具备相应的能力、素质，这导致了公益服务的质量不佳。从调查情况来看，苏州职业学校师生普遍缺乏公益服务方面的能力、知识，同时也没有接受过相关培训，因此影响到了公益服务的高效开展。

九、政策建议

（一）拓展公益服务组织主体

苏州职业学校在开展公益活动时组织主体方面应尽量做到多元化，关键举措之一就是与其他非政府公益组织、政府公益组织加强联系与合作，这样更有助于充分利用各个组织的资源优势，实现资源层面的优势互补，促进公益服务活动的蓬勃开展。

（二）扩大参与公益服务的机会

公益服务项目轮流参与，积少成多，逐步让更多的学生参与到此项活动中来，同时这也对项目的设计和组织提出了更高的要求。

（三）丰富公益活动内容形式

公益活动形式要做到多样化，苏州职业学校需要积极创新公益活动组织形式，让公益活动参与人员对各种公益活动始终保持新鲜感。为此，可以借助各种科技手段，结合社会公益需求，创新公益活动形式，让师生保持对于各种公益活动的兴趣，从而实现公益活动吸引力的提升，让更多的师生参与其中。

（四）提升师生公益服务能力

苏州职业学校需要在师生公益活动能力提升方面采取相应的措施，比如加强公益活动专题培训，通过培训来帮助公益参与者了解公益活动开展方面的知识，帮助其掌握开展公益活动的能力，帮助公益活动参与者转变理念、提升能力，使得公益活动更好地开展。师生公益服务效果提升的关键在于提升师生的公益服务能力，对于学校来说则在于承担起相应的培训责任，制订切实有效的培训方案，让公益服务参与者能够具有更好的能力。

(五) 建立学生志愿服务的奖励机制

为了鼓励学生积极参与公益性活动，对参与的学生应当有适当的奖励，这个奖励可以是物质与精神相结合。如结合学校的德育学分，给积极参与的学生加分，颁发"志愿者之星"的奖状，邀请受奖励的学生家长来校参加颁奖仪式，同时也授予家长奖状，从"家校联系，共建德育"的角度，加大参与公益服务的宣传与吸引力。

第三节 基于"全员育人"的职业学校德育工作策略研究

2015年9月—2017年12月，在苏州市教育局副局长高国华、高职处副处长黄丽华领导下，笔者牵头苏州旅游与财经高等职业技术学校原副校长张轶群、苏州建设交通高等职业技术学校副校长戎成、苏州工业园区工业技术学校副校长吕中起、苏州吴江中等专业学校副校长潘丽萍、苏州高等职业技术学校学生处副处长刘江华等人一起开展了苏州市教育局、苏州市教育科学规划领导小组办公室组织的2015年苏州教育改革和发展战略性与政策性课题"基于'全员育人'的职业学校德育工作策略研究"研究工作，并顺利结题。

一、研究背景

（一）德育全员育人的政策背景

2014年6月召开的全国职业教育工作会议上，习总书记指出，职业教育要培育和践行社会主义核心价值观，创新各层次各类型职业教育模式，努力让每个人都有人生出彩的机会。总书记的话，强调了职业教育的多方位育人。2014年12月，教育部印发了《中等职业学校德育大纲》，特别强调全员、全程、全方位育人理念，强化形成德育工作合力。职业学校必须贯彻 2015 年新春团拜会上习近平总书记做出的"重视家庭建设,注重家庭、注重家教、注重家风"重要论述精神,和教育部出台的《关于加强家庭教育工作的指导意见》等文件,加强对家庭教育工作合力的重视,加快形成家庭教育、社会支持网络。

(二)国内对职校全员育人的相关研究

国内的相关论文有赵玉琴的《高职院校构建全员德育体系的思考》,王齐君的《基于"全员育人"理念的学生思想政治教育实效性问题研究》;同时,国内学者近年来对全员育人的德育导师制度的研究较多,如孔庆梅《关于"全员育人导师制"下的德育过程的探索》,左国胜《中职学校实施全员育人导师制德育模式初探》等;有基于家校结合的背景来展开德育育人的研究,如顾悦的《新形势下职业学校家校融合的创新研究》等;但这些研究多是关于体系、理念的研究,或者多倾向于对德育导师制等具体实施项目的研究。郭志勇《职业学校实施"分层次全员育人"的内涵及策略探析》也只是初期探索阶段,成果较散,缺乏关于职业学校全员育人策略深层次的研究。

(三)国外关于全员育人的相关研究

国外的相关著作或论文有《道德教育新论》(约翰·威尔逊)、《什么是教育》(雅斯贝尔斯)、《美国名校风采》(王恩铭)《国外思想政治教育的经验研究及启示》(王健)等,美国在全员育人方面的研究,侧重于学校、家庭等组成教育梯队,注重创新"三位一体"德育模式,即实施全方位道德教育的格局,强调将德育目标贯彻到学校全部课程的教学和各项工作中,并且渗透到社会的各个领域,但研究缺乏对于中职学校全员育人策略的系统和深入研究。

二、研究意义

（一）省市对职业学校育人的需求

江苏省颁布了职业学校"以生为本，德育为先"等与德育相关的政策性文件，提出了更高的全员育人要求。苏州地处长三角经济圈，处于经济转型及飞速发展期，需要"德高技强"的高素质技术技能型人才。本课题研究苏州市中职学校全员育人策略，对于制定完善现代职教视野下苏州市的中职学校全员育人政策有极大帮助。

（二）社会企业对人才的需求

根据实际调研，社会企业对中职学校人才的需求，看重的素质依次是忠诚度、职业道德、思想品德、吃苦耐劳的工作态度、与人合作的能力、身心素质等。本课题研究旨在破解社会企业对学生德育的要求与学生现状之间的矛盾，提出整合社会企业及家庭资源的全员育人的策略。

（三）学生个体自身发展的需要

现代职教强调适应人的全面发展要求，中职教育的终极目标必须是学生的终身发展，帮助学生树立正确的世界观、人生观及价值观，满足学生可持续发展的需求，做"教学生五年要着眼于学生五十年"的教育。本研究侧重于在现代职教视野下，遵循技术技能人才成长规律的需求，整合社会企业及家庭资源，共建全员育人"立交桥"，满足学生全面和可持续性发展的需要。

（四）苏州市中职学校全员育人的现状和需求

现代职教视野下，苏州各中职学校的育人普遍存在着"重技能，轻德育"的情况，中职人才培养在社会公德和职业道德方面有缺失；尤其在全员育人方面，缺乏社会企业、家庭等资源的育人平台。本课题研究人才培养的系统性和对人才的多样化需求，研究在现代职教视野下如何整合社会企业及家庭资源，搭建全员育人的多元立交平台。

（五）研究预设成果及价值需求

本课题借鉴国内外的研究成果和经验，侧重研究在现代职业教育新的视野和背景下，苏州市中职学校整合社会企业资源及家庭资源，以全员育人为策略出发点，为苏州市教育管理部门制定中职学校全员育人政策，提供参考性的意见和建议。

三、研究核心概念的界定

现代职教：现代职教是指适应地方经济社会发展需要，满足人民群众多样化职业教育需求，形成由中职、专科、本科到研究生的有机衔接，职业教育、普通教育、继续教育相互沟通的现代职业教育系统。现代职教强调适应现代产业体系建设和人的全面发展要求，遵循技术技能人才成长规律的需求；强调增强人才培养的针对性、系统性和多样化需求；强调人才培养的多元立交，搭建职业教育人才成长"立交桥"。

全员育人：全员育人是"三全育人"，即全员育人、全程育人、全方位育人中很重要的一个方面。所谓"全员"，本课题中是指全社会的成员。本课题研究中，"全员育人"指的是由学校、家庭、社会组成的"三位一体"的育人机制和德育工作机制。本课题研究现代职教视野下苏州中职学校教书育人、管理育人和服务育人的策略，研究整合社会企业资源和家庭资源的全员育人策略。课题中的"全员育人"强调三位一体有机融合，三位一体并重，整合社会资源，合并参与，多维联动育人。本课题侧重研究苏州市中职学校整合社会企业及家庭资源全员育人的策略研究。

策略：策略指的是计策、谋略，指为实现目标的方式方法。本课题中的"策略"，指在现代职业视野下，以为苏州市政府教育部门起草制订苏州市中职学校全员育人的方案为目标，研究苏州市中职学校全员育人策略，侧重于研究整合社会企业和家庭资源的全员育人策略，制定有实效性的全员育人实施方法。

四、研究目标

通过研究，了解苏州职业教育全员育人的现状；把握现代职教视野下德育工作的内涵、途径、方法等，解析苏州职业教育全员育人的内涵、特点及价值；制定苏州职业教育整合社会企业、家庭、社区等资源的全员育人的策略，并加以实施，比较效果；为苏州市教育管理部门制订有实效性的全员育人政策方案提供一定的依据。

五、研究内容

（一）职业教育全员育人的内涵、特点及价值的研究

在现代职教视野下，全员育人的范畴是延伸和拓展的，涵盖了全员参与、全方位参与、全程参与、全心参与育人的大德育观。职业教育的发展从类型上讲有别于普通中学教育，属于职业技术教育范畴，德育内涵有其特殊性，职业教育全员育人的特点体现在以下几方面。

第一，实践性。职业教育"校企合作，工学结合"的人才培养模式，培养的是在服务、生产、管理等一线岗位具有一定动手操作能力的技术技能型人才，学生在校期间既要学习必备的专业应用知识，更需要掌握专业技能，因此，实践性是职业教育过程中突出的特点之一。

第二，职业性。这是职业教育最本质的特点。职业教育的人才德育培养目标既注重普通的德育目标内容，又突出职业责任及素养，要求培养学生的职业道德、职业规范等，突出对职业综合能力的培养，需要职业学校的全员育人工作落实到位，引导学生养成新时代的"匠人"职业精神和团队合作精神等。

第三，社会性。现代职教的发展，使职业教育的育人工作更具

有开放性,家庭、社会、行业、企业等都在育人过程中有不可替代的作用,因此,现代职教视野下的全员育人工作必须打破原有的片面式、封闭式和灌输式的做法,以学校育人为核心,整合德育资源,创新德育模式,构建开放式、整体式的职业教育新模式。

根据调研,社会企业对职业学校人才的需求,看重的素质依次是忠诚度、职业道德、思想品德、吃苦耐劳的工作态度、与人合作的能力、身心素质等。现阶段职业学校全员育人的工作,在实施过程中存在诸多弊端。德育的"全员育人"理论早已有之,但育人为本、德育为先的理念未落到实处,科学性、完整性尚不够,在实践过程中运行也较为封闭,全员的育人意识、育人氛围、育人合力、育人质量和育人效果都有待提升。

(二)中职学校全员育人的策略研究

本课题的研究,基于现代职教视野背景,旨在以"力行教育"为主导,以专题个案为突破口,悟"合力教育"之道,打造全员育人平台、推动全员育人进程、为全员育人夯实基础、优化全员育人环境,最终实现"三位一体"有机融合,多维联动育人。

1. 以"力行教育"为主导,打造全员育人平台

以"力行教育"为主导,通过建设品牌德育队伍、构建德育导师制、搭建学生展示平台,引领全员育人:促使每个教职员工身体力行,每个学生强学力行,脚踏实地做人做事做学问,从而形成强大的推动力,为学校的发展提供智力支持与保障。以"力行教育"为导向,推进"厚德学院"品牌德育队伍建设;以"力行教育"为宗旨,构建导师制德育模式;以"力行教育"为依托,搭建"校园淘宝"等学生展示平台。

2. 以专题个案为突破口,推动"全员育人"进程

学校以学生管理平台为媒介,开展全体教师专题个案研讨、沙龙交流、论文课题评比活动,促使全员岗位德育综合案例、工作经验得以不断实践、探索、总结、完善,最终形成适合学校德育工作的实施性方案,提高学校德育工作的操作性、层次性、实效性,进

一步推动全员育人进程。全体教职员工树立"教育无小事,处处皆育人"的理念,人人肩负起学生管理的重任,利用至诚学生管理平台,对学生各方面的表现实时进行客观评价,用量化的方式对学生进行"体检",并以此作为收集专题个案的媒介,每位教职员工参与至诚管理系统的次数,在学期末纳入考核指标,作为评优评先的依据,使全员育人、全程育人、全方位育人常态化、制度化。开展工作案例研讨,以"三有三讲育人""主动德育""家校共管"等为专题,推荐优秀案例;开展全校教职工的沙龙交流,推介典型德育工作经验,对教育热点问题进行探讨,设计出最佳解决方案;形成全员育人优秀案例、论文的专刊。以此激励老师对德育工作进行研究,让教育内容更贴近学生的实际,让教育方法更加适应学生的需要,提高德育工作的实效性。

(三)整合社会企业资源育人的策略研究

1. 在文献研究的基础上,了解和吸收国际上校企合作先进模式、先进经验

依靠行业和企业办职业教育,是许多国家的经验。德国、澳大利亚、美国、英国、韩国、瑞士以及北欧各国,都有值得我们借鉴的经验。比如,德国"双元制"——校企深度合作模式;英国的现代学徒制——工学交替的教学模式;澳大利亚与企业密切相关的TAFE学院;美国"生涯学院"模式下的校企合作;韩国"2+1"学制下的校企合作。

2. 运用调查研究法对苏州职业学校校企合作状况的调查研究

此次调研的12所学校,共开设专业155个,校企合作企业数720家,平均每个专业与4.65家企业有合作,其中,仅4所学校平均每个专业校企合作数达到5家;校企双方共同开展研究开发、技术创新、项目推广25个,平均每所学校2.08个;与企业共同开发教材116种,平均每校有9.67种,平均每个专业有0.75种;平均每年接收学生实训、顶岗实习5 240人,占全部学生的13.76%;平均每年接收学校教师到企业挂职锻炼人数为371人,占专业专任

教师比例的 25.59%。

3. 对调查结果的分析研究

第一，尽管苏州市各职业学校非常重视校企合作、共同育人，服务经济转型升级的作用在不断彰显，但是调研结果发现，从总体上看，当前苏州市职业学校校企合作水平仍然不高；第二，尽管学校在校企合作育人的服务工作方面发挥了主要作用，到企业实习的联系途径中由学校推荐实习企业的占比达 62.77%，但调查发现苏州市职业学校校企合作育人活动的内容和形式都需要进一步丰富，校企合作育人的效果需要进一步提升；第三，校企合作育人的参与企业，其代表性还须进一步加强。各校邀请企业填写有效《校企合作全员育人调查问卷（企业版）》149 人次；第四，校企合作育人企业的参与度还有待进一步提高；第五，尽管校企合作育人参与方对于学生应该具备的素质方面具有一定的共识，但是与学生的意识和行为还有一定的差异，还需要进一步加强对学生的职业生涯规划与指导教育。学生对于职业道德的重要性有一定的认识，但是在实际行为上，企业普遍反映目前校企合作育人中毕业生存在的最主要问题是"流失率高，做不长"。

4. 阶段性成果

第一，调查问卷。课题组共回收相关院校填写的《校企合作开展情况调研表》12 份，各校邀请企业填写校企合作全员育人调查问卷（企业版）149 份，各校组织学生填写校企合作全员育人调查问卷（学生版）4 647 份。第二，调查报告。根据征集的案例、问卷答题的情况，撰写了苏州市职业学校校企合作育人工作开展情况调查分析报告。第三，案例汇编。征集校企合作工作总结 14 份并对其进行整理汇编，其中，深度反映校企合作情况的案例 13 份。第四，研究报告。撰写《现代职教视野下中职学校整合社会企业资源育人的策略研究》研究报告一篇。第五，研究的结论与建议。

（四）整合社区资源育人的策略研究

现代职业教育背景下，社会企业、用人单位对中职学校学生的德育工作提出了更高的要求，对学生的社会公德、职业道德、基本素质、专业技能等方面尤其看重，子课题研究综合社会力量，优化"全员育人"环境，整合社区资源，通过"走出去、请进来"的方式，使学生党员、干部起到模范带头作用，带领周围学生共同参与，开展丰富多彩的社区合作育人新举措。占领校外教育阵地，促进学生健康成长，形成正确的价值观、道德观等，从而对全员育人起到补充和促进的作用。

1. 学生党员、团员带头，开展各类进社区活动

在吸收先进学生加入党组织、团组织的过程中，积极探索培养学生新举措，要求学生党员、团干部、团员等思想上积极要求上进的学生进社区，参与各类社区活动，同时带动周围的学生共同参与各类活动。我们与苏州沧浪街道桂花社区、石路街道佳菱社区等合作共建，为社区孩子、家长提供咨询、课业辅导与帮助等，还利用专业知识和技能，开展插花指导、中式点心制作、家庭植物养护等指导和讲座，得到了社区居民的热烈欢迎。

2. 开展多种志愿服务，提升社会公德与个人基本素养

学校积极倡导开展各类志愿服务工作，提升学生的社会公德和个人素养，为此，学校学生在老师的带领下，通过各类活动，使学生在身体力行的志愿服务工作中，充分了解社区、了解社会，通过自己点滴的行动，提高了学生的社会公德和个人基本素养，对于提高德育工作质量有十分明显的作用。通过不断探索与实践，学生在志愿服务中实践专业知识，传承志愿服务精神，立足校园，面向社区，服务社会，为社会主义精神文明建设添砖加瓦，为助推青年志愿服务事业进一步发展，发挥积极向上的示范效应。

3. 结合专业技能，提升职业道德与职业技能

学生充分利用所学专业知识和技术技能，进入社区开展多种培训和知识宣讲。比如园林专业的同学来到姑苏区佳安社区，指导居

民制作花束，讲解插花艺术的由来、插花的基本步骤、色彩搭配技巧，让居民们亲身感受插花艺术魅力；旅游系的导游专业学生，到拙政园、留园、山塘街等景区，无偿进行导游讲解，同时宣传文明旅游；财经系的学生到社区为居民讲解如何分辨假钞，如何预防金融诈骗等。这些活动既帮助了他人，反过来又促进了学生对专业知识的学习和对技术技能的提升，对提高学生的职业道德水平和技能水平都有十分明显的积极作用。

4. 邀请交巡警、老革命、关工委等进校园，开展各类讲座讲话

除了积极地"走出去"，还积极地"请进来"。邀请吴中区交巡警中队的董警官、老革命干部刘平、关工委徐英影老师等走进校园，为我们的师生开展法制、党史、革命传统等专题讲座或先进事迹报告，加强了德育建设。

（五）整合家庭资源育人的策略研究

课题组运用经验总结法、调查研究法等，贯彻落实习总书记2015年作出的"重视家庭建设，注重家庭、注重家教、注重家风"重要论述精神和教育部颁布的《关于加强家庭教育工作的指导意见》等文件要求，展开研究。研究立足于现代职教，整合家庭教育资源，分别从学校、教师和家长三个不同的角度，探索家校合作育人的新形式、新举措。

第一，学习型家庭，是指有助于学习的家庭环境。

第二，家庭的学习，指的是家庭的学习活动，尤其是一家人聚在一起的活动。研究营造和谐的学习氛围，开展一系列家庭活动，是其最重要的两个指标。

第三，对于家长来说，是建立终身学习的理念，转变传统的家庭教育模式，树立全体家庭成员都是学习的主体的观念，倡导向孩子学习，逐渐营造良好家庭氛围，创建学习型的家庭环境。

第四，对于学校来说，学习型家庭资源更新速度快，家庭资源更为丰富充实。

研究的育人策略具体体现在以下四个方面。

第一，家校合作育人，要增强家长委员会的功能。

第二，注重家长课程资源开发。

第三，鼓励家长参与学校评课。

第四，开展双向交流的家长会。

六、研究成果

一是出版《职教家校合作育人》。苏州大学出版社（2017.8），主编：陶华山、张轶群、戎成；副主编：吕中起、潘丽萍、朱德兴、刘江华、周蔚。

二是发表数篇省级以上论文。陶华山、刘江华于2016年10月在《江苏教育》发表论文《现代职教视野下职业教育全员育人的内涵、特点及价值研究》；《现代职教视野下整合家庭资源育人的策略》景晓丽，《教育》（2016.12）；《构建利益相关者共同治理的高职教育校企合作模式研究》，许小荣，《现代职业教育》（2017.12）；《培养提升职校学生的情绪控制与管理能力的实践与研究》，刘江华、陆家浩，《校园心理》（2017.1）；此外，整理出2016年度全校教师教育科研论文合集《思旅》。

三是衍生出数个课题。教育部职业技术教育中心研究所、中国职业技术教育学会德育工作委员会2015—2016年度德育专项课题立项课题"中职新生心理筛查与干预的实践与研究——以苏州高等职业技术学校为例"；苏州"十二五"规划课题"职校生情绪控制与管理能力提升的实践与研究"；苏州市职业教育学会职教研究课题"中职学生责任感教育的实践研究"；苏州市职业教育学会职教研究课题"职业学校学生健康人格形成的研究与实践"；苏州市职业教育学会职教研究课题重点立项课题"中职德育与心理健康教育有效整合的实践研究"；苏州市职教学会德育特色学校专项课题"中职学校德育管理中实行'力行教育'的实践研究"；苏州市职教学会德育特色学校专项课题"让爱住我家——中等职业学校特殊家庭学生现状及教育对策个案研究";2016年苏州教育改革政策性战略性课题"现代职教视野下苏州职业学校德育公益服务项目的设计与研究";苏州市职教学会德育特色学校专项课题"中职学校德育管理中实行'力行教育'的实践研究";江苏省陶行知研究会"十二五"教育科研课题"运用陶行知教育理论培养中职学生职业素养的实践研究";江苏省教育科学"十二五"规划课题子课题"以'三有三讲'为内核的德育导师制区域推进与优化的行动研究"。

　　四是完成了《现代职教视野下中职学校全员育人课题校企合作育人调研报告》。

　　五是出台了两项制度:家校合作育人制度——"家长委员会工作制度";中职学校全员育人的策略研究之"德育导师制"。

　　六是开放了家长课程。

　　七是汇编了三本案例集:家校合作育人案例集、家校企合作育人案例集、社区合作育人案例集。

　　八是完成了两份研究报告:各子课题研究报告、《现代职教视野下苏州市职业学校全员育人的策略研究报告》。

　　九是完成了三份调查问卷:全市职业学家校育人调查问卷、全市职业学校校企育人调查问卷、全市职业学校社区合作育人调查问卷。

　　十是打造了苏州市职业学校德育育人特色及品牌:"彩虹德育"品牌、"厚德学院"德育品牌。

八、研究方法

　　文献研究法,指通过查阅文献资料了解、证明所要研究对象的方法。本课题通过文献收集、整理、分析,了解国内外关于中职学校全员育人的内涵、理念,体系等研究情况,了解研究相关的研究方法经验，形成理论指导具体行动的研究策略。

调查研究法，一般通过抽样的基本步骤，多以个体为分析单位，通过问卷、访谈等方法了解调查对象，展开研究。本课题运用调查研究法，综合运用问卷调查、访谈等方法，有计划、有步骤地收集和分析苏州中职学校在全员育人方面，家校合作、校企合作育人方面的实施情况，更全面了解苏州乃至其他地区中职学校在全员育人方面的特点、存在的问题，为课题研究提供丰富的事实依据和现实数据。

行动研究法，指在自然、真实的教育环境中，教育工作者按照一定的操作程序，综合运用多种研究方法与技术，以解决教育实际问题为首要目标的一种研究模式。

案例研究法，指对某一个体、某一群体或某一组织在较长时间内连续进行调查，从而研究其行为发展变化的全过程。本课题将展开对各职业学校全员育人的案例研究，并以之为研究样本，研究探索更有实效性的育人策略。

经验总结法，指通过对实践活动中的具体情况，进行归纳与分析使之系统化、理论化，上升为经验的一种方法。本课题对中职学校进行调研，总结和推广在全员育人方面的优秀经验，改进完善不够合理的育人策略。

九、研究反思

一是各子课题的融通研究不够。研究过程中，各子课题分别研究的是学校、企业、社区、家校等全员育人策略，课题组虽开展多次会议、中期讨论等，但更多是各自展开研究，成果间的融合度及成果的凝练度不够。

二是家校合作形式模式研究有待深入。家校合作的好坏直接影响着教育目的能否实现。目前我国家校合作形式，还普遍处于了解情况，彼此沟通的初级阶段。未来理想的家校合作形式，是向西方

立德树人：知行合一的实践探究

国家家校合作模式学习，让家长参与到学校日常事务的运作中来。虽然说各国国情不同、教育政策不同，不可一概而论，但完全可以取其精华，根据本地实际教育情况进行。

十、政策建议

一是校企、社区、家校等主体在全员育人具体的实施过程中，受到条件、政策等限制，而且缺少积极性，建议出台考核政策，并表彰（或奖励）积极实施、且效果显著的学校、企业、社区、家庭。

二是加强政府引导、学校服务工作，对国家、省、市校企合作育人相关政策进行梳理，加强对校企合作育人优惠政策的宣传力度，督促各校要加强师资队伍建设，积极培养职业学校职业生涯规划师资队伍，积极开展服务企业的相关活动，使企业参与校企合作共同育人形成制度。

三是建议政府制定落实职业学校专兼职德育导师（德育辅导员）制度，促进学校全员育人的切实落实。

第四节 为不同的学生设不同的奖项

教育，作为一种培养人的社会实践活动，是人"直接以塑造和建构主体自身为对象的实践领域"。学校是学生受教育的主要场所，面对每一位禀赋、兴趣、爱好、特长等各异的学生，应从实际出发，充分考虑学生的个性差异和个性特点，使教育的深度、广度、进度适合学生的认知水平和接受能力，使每个人的才能品行都得到肯定，实质上这是因材施教教育思想的要求。

"因材施教"一词出自《论语·为政》，因：根据；材：资质；施：施加；教：教育。指针对学习的人的志趣、能力等具体情况进行不同的教育。宋代朱熹在概括孔子的教育教学经验时指出，"夫子教人各因其材"而有了"因材施教"的名言。在现代教育中，这就是量力性原则，这也是成功教育的多规格人才培养观。孔子因材施教的第一步是了解学生，他能够用精练的语言准确地概括出学生的特征，如"柴也愚，参也鲁，师也辟，由也果，殇也达，求也艺"；第二步是分别激励，激励是促使学生尝试的源泉，激励充满着争取成功的力量；第三步是补偏救弊，即针对同样的问题，对不同的学生采用不同的教育方式。

在中外教育思想史上，各家各派无不主张因材施教。近代伟大的人民教育家陶行知说："人像树木一样，要使他们尽量长上去，不能勉强都长得一样高，应当是立脚点上求平等，于出头处谋自由。""个性全面和谐发展"教育思想的代表人物苏霍姆林斯基说：世界上没有才能的人是没有的，问题在于教育者要去发现。《学习与革命》中有一句名言："如果一个孩子生活在鼓励之中，他就学会了自信。"无论什么学生，都希望得到别人的肯定、尊重、理解。因此，要建立起素质教育的茂密森林，就必须关注每一棵树的成长，针对不同个性的学生，实施有针对性的鼓励性评价。

众所周知，职业学校的学生大多15—18岁，生理上正告别少年期进入青年期，肌肉和心肺功能增长速度明显加快，骨骼生长趋缓，生理器官、神经系统基本发育成熟，各项机能已趋完善，青春期生理特点开始显现；从心理上看，他们自我意识猛醒，思维能力、高级情感迅速发展，自信且有个性，渴望得到鼓励、肯定、表扬，希望并善于展现自我。相对于同年龄段的高中生，职校生又是初中毕业生中学习成绩偏下、行为习惯较差、自控能力偏低的这部分学生，面对这样的实际情况，如何用赏识的心态、激励的办法来进行因材施教？我们的做法是为"不同的学生设不同的奖项"。

多年来，学校紧紧把握"以人的发展为中心"这一主旋律，坚持德育就是质量，德育就是效益的办学理念，在实践中努力做到德育工作"近一点、细一点、实一点、精一点"的工作思路，积极思考因材施教的学生德育管理模式，通过在学生中开展"校园之星"评比活动,对孔子因材施教第二步进行了尝试探索,以为"不同的学生设不同的奖项"的做法,变奖励为管理,变管理为奖励,充分调动学生的自我肯定、自我管理、自我辐射主动性,扩大学生学习榜样的视角,全面提高学生的认知水平。

"校园之星"是一个统称,它是由学校"技能之星""礼仪之星""进步之星""阳光之星""学习之星""体育之星""文艺之星""奉献之星""安全之星""奥运之星""劳动之星""遵纪守法之星"等系列组成,以季度为评选周期,一星一方案,评选方案由评选条件、评选方法、奖励方法、推荐材料等组成。

"校园之星"评选的原则是学生身心发展规律在教育中的应用。一定年龄阶段的学生,他们的心理特点和智力水平既有一定的普遍性,又有一定的特殊性,教育中针对学生的共同特点和个别差异,因材施教,有利于扬长避短,长善救失,有利于多出人才,早出人才,快出人才。

"校园之星"奖项的设计,我们认为要努力做到:第一,代表性。学校对学生的一般知识水平、接受能力、学习风气、生活态度和每个学生的兴趣、爱好、知识储备、智力水平以及思想、心理等方面的特点,都要充分了解,以便从实际出发,有代表性地设计评选奖项;第二,针对性。奖项的设计既要面向全体青年,又要兼顾部分群体或个别学生,使某一类型的学生或某一学生得到相应的发展;第三,前瞻性。针对学生的个性特点,提出不同的要求,分别设计不同个性特点学生成才的评选奖项。

"校园之星"的评选,其理论是因材施教,其核心是赏识、激励、关爱,抱着一种欣赏的积极态度,把力量注入学生的体内,短短的一年时间,已让青年学子展开飞向成功的翅膀。对此我们有几点思考:

第一,赏识是一种心态,它不仅是教育的思想观念和方法,更是一种教育者的思维方式、信念以及精神状态。赏识教育是源于对学生的爱,发现并遵循生命成长规律的爱的教育。不是好学生需要赏识，而是赏识使他们变得越来越好；不是坏学生需要抱怨，而是抱怨使他们变得越来越坏。将赏识教育当成一种生命需要的教育，是符合现代心理学关于人性需求层次理论原则的。

第二，根据皮克马利翁效应，激励能把学生的一切潜能调动起来，从而达到充分释放的状态，这种状态如果不断保持，它将被巩固成为学生的一种本性，从而使其终身受益。

第三，关爱的力量是神奇的。我们往往是在学生犯了错误之后才去关注他们，事实上，有时他们是通过犯错误来引起我们的关注。不是聪明的学生被夸奖，而是夸奖使学生更聪明。

教育家提出："关心自己的孩子是人，关心别人的孩子是神。"教师要像热爱自己的子女一样热爱学生，并且要了解每一个学生，激励每一个学生，依靠每一个学生。学校在"为不同的学生设不同的奖项"方面进行了一些思考，做了一点探索，我们愿与同人一起分享、共同努力。

第三章 课程育人

第一节 高职校物理教学生活化的研究与实践

物理是一门以观察、实验为基础的学科,物理知识来源于自然、来源于生活。20世纪初美国教育家杜威提出了"教育即生活"的观点,陶行知先生说:"没有生活做中心的教育是死教育,没有生活做中心的学校是死学校,没有生活做中心的书本是死书本。"针对高职校现有物理课堂存在的教条化、模式化、单一化和静态化等弊端,遵从"从生活走向物理,从物理走向社会"的课程改革理念,我们主张高职校物理教学理念应从科学认识论转向生活认识论,教学内容应从科学世界转向生活世界,教学过程应从授受转向体验,实施物理教学生活化。

一、物理教学生活化的基本遵循

在物理教学中,教师应巧妙地指导学生运用生活中的经验,激发学生强烈的求知欲,以促进其物理知识的学习和理解,让学生体会到物理来源于生活、寓于生活,又是解决生活问题的基本工具。在物理教学中,应将"生活—物理—社会"有机结合,将其贯穿于教学过程的始终,体现从生活走进物理,从物理走向社会的物理教学生活化思想。

(一)从生活走进物理

高职生已了解大量与物理有关的现象,例如:雷电是先看见闪电,后听到雷声;铡刀的手柄越长越省力;爬山走s形省力,刀磨得越锋利,切东西越快;等等。结合生活体验讲解物理知识既有利于学生理解掌握有关知识点,同时也为学习新的知识打下良好的基础。例如在学习运动和静止的相对性后,要求学生坐火车或汽车时,在车站观察并排的车的运动情况,探索由于运动的相对性而带来的神奇的现象,并在开车和刹车时体验由于惯性使人体向后倒和向前倾的力量。自行车是学生的重要交通工具,学生对它非常了解,它哪些地方存在摩擦力?哪些是有益的?哪些是有害的?都是用什么方法增大和减小的?学生都有这方面的亲身体验,这对学习摩擦力的有关知识帮助甚大。同时,布置一些观察生活中现象的任务,让学生思考生活中的一些问题,无疑会培养学生良好的学习习惯。例如,让学生观察刚从冰箱拿出的饮料瓶外有水珠的现象,思考早晨雾是怎样形成的,草上的露珠是怎样形成的,为什么冬天往手上吹气就会感到冷,而往手上哈气反而会感到暖和,等等,这样既让学生感到物理知识就在身边,也让在学生思考问题时有针对性,学习时更加得心应手。

(二)从物理走向社会

物理知识在高职生的日常生活、学习研究、社会活动中都有着广泛的应用,学习物理知识的最终目的是运用知识、服务于社会,同时也使学生适应于社会。因此,物理课的教学设计应贴近学生的生活,让学生从身边熟悉的生活现象中去探究并认识物理规律,同时还应将学到的物理知识及科学研究方法与社会实践及其应用结合起来,解决简单的问题,培养学生良好的思维习惯和科学探究的能力,促进学生的个性和特长的发展,同时培养学生热爱科学、关心社会的意识,以及利用正确的价值观处理社会问题的能力。例如:电饭煲、电炒锅、电水壶的三脚插头插入三孔插座,是为了防止漏电和触电事故的发生;菜刀的刀刃薄是为了减小受力面积,增大压强；菜刀柄、锅铲柄、电水壶把手有凸凹花纹，使接触面粗糙，增大摩擦；往保温瓶里倒开水，根据声音知水量高低，这是由于水量增多，空气柱的长度减小，振动频率增大，音调升高。利用以上生活事例进行教学，学生就不会感到物理是枯燥的、深奥的，可以增强高职生学习物理的兴趣。

二、物理教学生活化基本方法

物理教学生活化旨在创造充满生活气息的课堂新生活，培养学生的知识与技能、过程与方法、情感态度与价值观，在实践中我们主要采取了创设生活化的物理教学情景、创设生活化的教学内容、创设生活化的实践课题等方法，由于篇幅所限，重点介绍创设生活化的物理教学情景方法。

（一）创设生活化的教学情景

现代建构主义学习观认为，学习是学习者通过新旧生活知识相互作用主动构建知识体系的过程，因此，物理教师在授课过程中要有生活化的教学资源，创设生活化的教学情景，融问题于生活情景中，使知识的巧妙迁移和内化。

1. 创设生活化情境三要素

创设生活化情境有利于揭示物理教学中事物的矛盾和引起学生主体内心的冲突，打破高职生已有的认知结构，让学生进入提问者的角色，真正发挥学生学习的主体性。针对高职生的身心特点，结合他们生活学习专业实际，我们在生活化情境中注重"趣味性、差异性、质疑性"三要素的创设。

第一，"趣味性"是指创设的生活化情境富有趣味，引发学生探究问题的兴趣。趣味是高职生热爱学习的重要因素之一，创设有趣的生活化情境容易造成良好的心理态势和思维环境，激发学生的求知欲望，使学生积极开动脑筋去思索，去探求。

第二，"差异性"是指创设的生活化情境与高职生原有认识的事物表面现象产生差异。创设有差异性的生活化情境打破高职生已有的认知结构，从而激发高职生学习的内动力。

第三，"质疑性"是指创设的生活化情境使高职生思维中出现疑问。"学起于思，思源于疑"，问题是探索的源泉，创设有质疑的生活化情境激发高职生的探索欲望。

2. 实施生活化情境三策略

（1）结合高职生好奇心理，创设生活化情境

五年制高职生要经历从未成年人到成年人的过渡阶段，他们对外界事物充满了好奇，具有强烈的采新猎奇的心理倾向，根据学生这一心理特点，创设新奇的生活化情境，能激发高职生的问题意识和学习兴趣。例如，让学生看这样一个实验，用火轻而易举地烧掉一张纸条，把同样的纸条紧缠绕在铁棒上，再用火烧，纸条安然无恙，学生目瞪口呆。再告诉学生，一些骗子就是用这种方法推销假毛料服装坑害人。创设这些情境使高职生既觉得新奇，又倍感亲切，使学生感到物理知识就在自己的生活中，激发了高职生解决这些问题的欲望。

（2）结合高职生认知重构，创设生活化情境

高职生的认知发展就是观念上不断优化重构并不断达到新的平衡状态的过程。因此在物理教学中应善于结合学生认知上的不平衡来创设生活化情境，使学生产生努力通过新的学习活动达到新的、更高水平的、平衡的冲动。例如，在讲光的直线传播时，创设了这样一种情境，用分别带有方形、三角形、圆形小孔的三张白纸发给学生，并提问：太阳光线射过这些小孔在地上会留下什么样的光斑？几乎所有的学生都这样回答，跟几何图形一样。然后，让学生走出教室，在阳光下观察光斑的形状，结果光斑都是圆形的（也可以在日光灯下观察，结果是细长的光斑）。现象与学生的想象出现了差异，从而造成了悬念，使高职生产生了强烈的求知欲，带着问题主动学习。

(3) 结合多媒体网络技术,创设生活化情境

多媒体网络技术能跨越时空的限制,能生动地再现生活情境,也能将不同的情境进行整合,并且能动态地展示情境的核心内容。利用计算机设计的图形,特别是动画,使学生在较短的时间内在头脑中建立起相对完整的物理过程,有助于理解和记忆,可极大地提高高职生学习物理的兴趣和学习效率。例如在讲电流时,由于电流在导体中看不见、摸不着,在以往的教学中,学生总是感到抽象难以理解,而现在通过多媒体课件可以十分直观观察到电流在电路中的流动,这样把微观粒子放大,高职生理解就不那么困难了。同理,电流的磁场、磁场的分布情况、光学中的光路图等,这些在传统教学中让学生难以理解的现象,通过多媒体的形式,都可清楚地展现。

(二) 创设生活化的教学内容

物理学中的定律、结论等知识来源于生活,是生活规律、现象的科学概括。因此,物理教学内容应扎根于现实生活,了解生活中的基本知识,运用所学的物理知识解决生活中的实际问题,两者相辅相成、相得益彰,让生活成为高职校学生物理学习的动力源泉。

(三) 创设生活化的实践课题

学以致用,高职校学生学习物理就是要应用到未来的工作生活实践中去。因此,物理教师应使生活化的实践课题成为学生学习的"助推器"。物理课题作业应由传统"统一、封闭、独立"的书本练习册向生活"自主、开放、协作"转变。

三、物理教学生活化的基本策略

心理学研究表明,学生对知识点的接纳度与知识点在学生生活中的贴近度成正比,物理教学生活化过程的教学思想、方法模式、技术手段等教学策略的运用至关重要。

（一）开发生活化的教学资源

高职校物理教师通过挖掘物理知识与学生"生活情境"的亲切感和趣味性，采撷生活化的教学案例来实现教学与生活的零距离。例如，通过生熟鸡蛋的判定进行惯性知识教学，通过洗衣机脱水的原理进行离心现象知识教学，通过对猫从高空掉下摔不死现象进行力的平衡知识教学等。

（二）建立生活化的教学模式

高职校物理教师通过以生活化教学资源为背景，激发学生探究欲望、激活学生思维、培养学生问题意识，建立生活化的教学模式。例如，通过《水流星》节目进行向心力知识教学，通过"瓦碎蛋全"实验进行动量定理知识教学，通过冰上拔河活动进行牛顿第三运动定理教学等。

（三）延伸生活化的课题作业

高职校物理教师应延伸生活化和开放性的物理课题作业，引导学生用所学物理知识解释生活现象和解决问题，把所学知识应用到现实世界中去。例如，通过事故车辆掉落的碎片判断此车是否超速，通过乘坐电梯、过山车体验失重超重感，通过开展公路拐弯处倾斜或铁路拐弯处两铁轨高度差等生活化研究性课题，让学生综合运用知识解决现实问题。

四、物理教学生活化实践案例

依据高职校物理教学生活化的基本原则、方法和策略，结合教学实际，现举"人造地球卫星宇宙飞船"实践案例。

（一）明确教学重点难点

本课的教学重点，一是推导第一宇宙速度，二是理解人造地球卫星原理及了解研究天体运动的基本思路和方法。本课的教学难点，一是理解第一宇宙速度是卫星发射的最小速度，是卫星环绕地球运行的最大速度，二是对人造卫星的速度、周期的比较。

（二）设立教学三维目标

根据教学重难点，设立知识与技能目标：了解人造地球卫星最初构想，知道三个宇宙速度的含义、数值，会推导第一宇宙速度。设立过程与方法目标：从探究人造卫星由设想变为现实的过程，体会猜想外推的科学方法，培养学生的科学思维，提高学生科学探索能力。设立情感与价值观目标：了解人类探索太空的过程，感受科技发展对人类进步的巨大促进作用，通过对我国航天事业发展史的了解，渗透爱国主义等社会主义核心价值观教育，激发学生学习物理的热情。

（三）采用启发式教学方法

本课以启发式教学、建构主义为指导思想，采用以问题为中心的课堂教学模式，结合多媒体信息化辅助教学。

（四）生活化情景引入新课

展示神舟飞船图片及神舟十号成功发射的视频，并简述神十新闻背景，伴随着闪烁的星空、浩瀚的宇宙，引领学生进入神秘而美丽的太空，共同感受飞天梦。

（五）开展生活化新课教学

伴随着"牛顿关于人造卫星的设想"Flash课件动画演示，通过创设问题情境，引导学生开展"人造地球卫星绕地球运行的动力学原因"探究，得出地球给人造地球卫星的万有引力提供了它绕地球作匀速圆周运动所需要的向心力，即

$$G\frac{Mm}{r^2}=m\frac{v^2}{r}=m\omega^2 r=m\frac{4\pi^2}{T^2}r$$

从而引导学生推导出第一宇宙速度（环绕速度）$v_1=7.9$km/s，第二宇宙速度（脱离速度）$v_2=11.2$km/s，第三宇宙速度（逃逸速度）$v_3=16.7$km/s。之后通过"卫星的环绕速度 v 和卫星与地心的距离 r 之间有什么关系？""为什么高轨道发射卫星比低轨道发射卫星困难？""人造卫星的发射速度与运行速度是同一概念吗？"等实际问题，对卫星绕行星运动进行研究，建立起关于各种人造地球卫

星运行状况的正确图景。最后，让学生阅读材料"梦想成真"，借助多媒体等信息化手段，播放神州系列发射及返回视频剪辑录像，一边了解人类探索太空的过程，一边展示我国载人航天事业的发展历程和取得的伟大成就，渗透爱国主义教育。

新课程改革要求，内容上强调联系生活、社会、学生实际，方法上强调探索、实践活动，实现课程生活化、社会化和实用化，用生活化的内容充实课堂。高职校物理课程与生活实际联系密切，生活化教学以其特有的源于生活、高于生活、联系生活的特点，已被越来越多的教师和学生接受。我们有理由相信，高职物理生活化教学由于顺应了新课改的理念和要求，必将显示出强大的生命力，一定会逐渐走向成熟。

第二节　"思想实验"中的麦克斯韦方程组

麦克斯韦方程组（Maxwell's equations）是英国物理学家麦克斯韦（James Clerk Maxwell，1831—1879）在19世纪建立的描述电场与磁场的四个基本方程：电荷是如何产生电场的（高斯定理）、验证了磁单极子的不存在（高斯磁场定律）、电流和变化的电场是怎样产生磁场的（安培定律）、变化的磁场如何产生电场的（法拉第电磁感应定律），人类从此走进了电磁波时代。学界对麦克斯韦方程组的科学意义、哲学思想、蕴涵的物理简单美、对称美、和谐美与统一美相关论文都有全面系统的探讨，却常常忽略"思想实验"在麦克斯韦方程组诞生中的重要作用。

实验室条件下不能看到或不能直接感受的物理"现象"，只能通过人类的思想间接地"想象"它们，通过间接方法去捕捉它，这就是"思想实验"，麦克斯韦的思想实验就是一个最成功的例子。麦克斯韦方程组以一种公理关系的方程组形式表达了电磁场的本质，它不是从电磁学经验公式的前提中演绎出来的，其诞生的关键是"位移电流"的"思想实验"，这使我们领悟到思想形象与表达形式之间本质性的统一性在人类理性思想中的作用和它们的文化影响，突出表现了物理学进步的真正特征。麦克斯韦方程组给"思想实验"阐释提供了一个最适用的案例。

一、特殊性

麦克斯韦方程组的特殊性在许多场合被广泛引以为据，同时，麦克斯韦方程组可以看作是物理学一个特殊的分界标志。一方面，它与经典物理学（牛顿力学、光学、热力学等）完全不同，它给现代社会带来的成果有目共睹；另一方面，它又被看成是古典意义的，以区别于相对论、量子力学等全新的现代物理学，这种特殊的地位使它具有一种历史性意义，需要文化意义的阐释。事实上，许多具有重要意义的物理概念总是在一种更广泛的文化意义上被重新阐释而被运用，比如，物理学中"场"的概念已渗透到人们的思想观念中，并在许多领域得到应用，格式塔心理学（Gestalt Psychology）的心理场（Psychological field）就是一例。

二、创造性

麦克斯韦的创造性成果是著名的"位移电流（Displacement current）"的思想图像，即把变化的电场也看成为一种（以太）电流。在这以前，安培定律已表明，电流可以产生磁场，法拉第定律则表明，变化的磁场可以产生电场，但是受当时实验条件所限，实验物理学家都没有发现变化的电场可以产生磁场这样的事实。麦克斯韦不是实验物理学家，他在理论物理领域内工作，他的实验室是思想，他只需做思想实验。"位移电流"的思想实验脱离了具体实验环境的限制，麦克斯韦在以前的安培公式中添加电场的变化率一项，是完成麦克斯韦方程组的关键。由此我们可知，并不是麦克斯韦完全依靠数学演绎方法直接从库仑定律、安培定律、法拉第定律等数学表达式中推导得到了麦克斯韦方程组，而是首先用思想实验方法补充了安培公式，从而使以前几个相互没有内在统一性的电磁公式成为具有本质性意义的麦克斯斯韦方程，成了可以表达一种全新的物理对象的数学形式。在这个意义上，他是先于爱因斯坦和玻尔等人而创造性地进行缜密的思想实验的科学家。有关这方面的介绍可以参看列昂·库珀（L. N. Cooper，1972 年诺贝尔物理学奖获得者）的《物理世界》（An introduction to the meaning and structure of physics）一书。

三、开拓性

当牛顿第二定律以一个简洁的方程式（$F=ma$）表达了经典力的核心概念的时候，物理对象之间的关系是明白的、感性直观的——力就是物理对象之间的时空关系。比如气体中的分子虽然是肉眼看不见的，但人们仍然把它们当作可以看见的小粒状物体，就像在显微镜下可以看到的灰尘一样。场是一种人类感官无法直接或（在感官感觉的意义上）间接感受的对象，人们仍然相信它的存在，除了在它的间接的物理效应中被证实以外，另一个主要的原因就是麦克斯韦方程组以优美的数学组合方式表达了电磁场，这是一种对事物的本质的表达，这表明，人类的理性思维和表达方式已经进入了一个新的阶段，当然这种进步是最艰难的，量子力学的历史就充分说明了这一点，直到今天人们仍在殚精竭虑地去想象由波函数表达的"量子态"究竟是什么。

麦克斯韦方程组所具有的重要的物理学史的意义是，它开拓性地扩展了人们对物质的认识，形成了新的物质概念和世界观。

四、类似性

麦克斯韦的"位移电流"思想图像，使我们领悟到了西方科学思想中的"以太流",虽然人们无法在现实事物中找到它,但在有效的思想实验中无法没有它,这与中国古老的"气"的观念有着本质上的类似性。不同的是,"以太流"是数学与物理的统一本质,而"气"是人文意义的,是人与世界统一的观念形态,因此它们在自己适用的领域里都具有重要的文化价值,中文里"电气"一词的广泛使用,就是中西文化结合下对"气"这一词的最恰当的使用例子。我们很难想象,如果没有"以太流"的思想形象,大量的最基本的现代数学物理概念,如矢量场、势、散度、张量……如何能够建立起来,又如何能被人们学习和得到真正的理解。至于"气"在中国文化中的意义就无须在此说了。

五、统一性

虽然我们现在已无法追踪麦克斯韦当时的具体思想过程,但是我们仍可以领悟到,一个成熟的物理思想与采用何种表达方式是无必然性的,然而,我们不可否认麦克斯韦方程组揭示了电场与磁场相互转化中产生的对称性优美,这种优美以现代数学形式得到了充分的表达。这说明,真正的创造力来自"思想实验"的性质和选择其表达方式的统一性。

麦克斯韦方程组以一种公理关系的方程组形式表达了电磁场的本质,其诞生的关键是"位移电流"的"思想实验",这使我们领悟到思想形象与表达形式之间本质的统一性在人类理性思想中的作用和它们的文化影响,突出表现了物理学进步的真正特征,同时给"思想实验"阐释提供了一个最适用的案例。

第四章　校企合作　现代学徒制

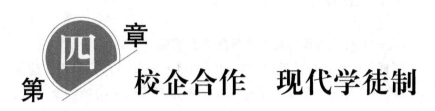

第一节　搭建政校企三位一体平台，共育技术技能人才新机制

强大的制造业是国家、民族强盛的根基与支撑。如何充分发挥政府主导下的政校企共育技术技能人才是现阶段职业教育重要课题之一。苏州高等职业技术学校是地处苏州高新区的唯一一所市辖公办职业学校，是江苏省首批高水平现代化职业学校。多年办学路，这一所以锻造先进制造业人才为己任的学校砥砺前行，办学条件、办学水平、办学质量稳步提升，是苏州职业教育发展的窗口和缩影。近年来，学校在苏州高新区管委会的大力支持下，结合苏州高等职业技术学校中德职业技术培训中心项目的良性运营，以中德职业技术培训中心为载体，以机电和数控两个专业为试点，与德国第二大职教集团 BBW 合作，探寻政校企"三位一体"育人新机制：明确且具体的政府政策经费组织机制保障、"3+1+1"的人才培养新模式、"三三"教学实施新策略、仿真企业班级管理德育模式等，得到了家长社会企业的一致认可，产生了良好的示范辐射效应。

一、实施背景

（一）政策背景与政府主导能效的明确

《现代职业教育体系建设规划（2014—2020年）》指出：建立各级政府、行业、企业、学校和社会各方面共同参与的创新平台，鼓励与境外职业教育机构等开展合作。2014年，全国职业教育工作会议在北京召开，习近平总书记的重要指示，确定了现代职业教育发展定位导向，勾画了新蓝图，迎来职教发展新机遇。《国务院关于加快发展现代职业教育的决定》也明确提出了"政府推动、市场引导，加强统筹、分类指导，服务需求、就业导向，产教融合、特色办学，系统培养、多样成才"的基本原则。依托政策背景，政府效能清晰明确，政校企合作将成为职业教育的重要体制形式与新常态。

（二）经济背景与地区人才需求现状

国际上，新一轮科技和产业革命正在兴起，制造业发展态势和竞争格局面临重大调整，发达国家纷纷实施"再工业化"和"制造业回归"战略，一些发展中国家也在加快谋划和布局，积极融入全球再分工体系，抢占新一轮制造业竞争制高点。李克强总理指出：制造业是我们的优势产业。要实施"中国制造2025"，加快从制造大国转向制造强国。为适应中国经济发展新常态，苏州市"十二五"社会经济发展规划明确提出发展先进制造业和服务外包业。得益于区域经济发展优势，苏州高新区已成为著名跨国公司建立生产基地的主要选择之一，聚集了大批机电制造类企业，其中以科诺尔车辆设备有限公司为代表的63家德资企业，急需具有德国职业标准的高技能应用人才。

（三）专业背景与政府推动新框架

为适应苏州特别是高新区经济转型升级需求，苏州高等职业技术学校适时调整专业结构，形成了以先进制造业为主体，传统工艺和现代服务业相结合的"一体两翼"专业结构模式，使学校的六大专业群、专业链得到了快速、高位、均衡发展。目前，机电工程系立足于先进制造业生产型人才培养培训基地这一国家级实训基地，已经形成机电一体化技术和数控技术两大专业群。在此基础上，苏州高新区政府高度重视区域职业教育事业发展，为学校发展铺设了融合、创新的现代职业教育中外合作新路，搭建了与德国 BBW 教育集团战略合作新框架。

在政府主导与助推新框架下，学校机电工程系抓住机遇，积极促进先进制造业向高端制造业转型，不断开拓专业发展的深度和广度，探索建立符合区域经济发展的政校企共育的人才培养模式。目前，机电工程系已经形成机电一体化技术和数控技术两大专业群。其中机电一体化技术专业分电气控制技术、数控设备维修、中德合作三个方向；数控技术专业分数控编程与操作、模具设计与制造、精密测量技术、中德合作四个方向。同时，机电工程系立足于先进制造业生产型人才培养培训基地这一国家级实训基地，积极开展校企合作、师资培训、学生技能培养、对外培训，成效显著。

（四）学生背景

开展职业教育工作要树立正确人才观，培育和践行社会主义核心价值观，着力提高人才培养质量，弘扬劳动光荣、技能宝贵、创造伟大的时代风尚，营造人人皆可成才、人人尽展其才的良好环境，努力培养数以亿计的高素质劳动者和技术技能人才。在新时期的迫切要求下，苏州高等职业技术学校致力培养具有国际视野的高素质、高技能应用型人才，进一步探索政校企合作共育之路，在三方共建中德职业技术培训中心平台上，首开机电一体化技术和数控技术两个专业，招生 60 人，原汁原味地引入德国项目制教学、"双元制"培养模式。

二、实施目标

为加快国际合作办学步伐，服务苏州高新区产业转型升级发展及企业用工需求，在苏州高新区与德国BBW教育集团战略合作框架下，与苏州高职校共建中德职业技术培训中心，实现"三引入"，引入德国"双元制"职业教育，引入德国职业教育理念、标准、教师、方法以及证书，引入苏州高新区德国及外资企业的参与，进行相关专业的教学改革，创新办学机制，提高办学水平。创新"两机制"，政校企"三位一体"育人新机制与"3+1+1"的人才培养机制，培养一批头脑聪慧、基础扎实、体魄强健，具有吃苦耐劳品质和诚信担当的机电、数控行业从业者和创业者，为苏州新区培养与世界接轨的高水平技术人才，更好地服务苏州新区产业转型升级发展，满足企业用工需求，推动与引领苏州乃至全省先进制造业的发展。真正实现人、机器、信息互相连接，融为一体，启程中国制造2025！

三、创新特色

（一）政校企三位一体育人新机制

本项目合作的突出特点是政府作用明确具体，合作方是苏州高等职业技术学校、德国BBW教育集团、苏州易北企业管理服务有限公司，三方背后的强力推动者是苏州高新区政府。各方工作职责分别为：

苏州市高新区政府携相关职能部门直接提供政策、组织、资金及相关资讯支持（招商局一位副局长受高新区政府委派直接参与项目建设），苏州市教育局参与协调合作项目延伸发展，并协调各方为学生提供就业扶持。

第二，苏州高等职业技术学校负责提供引进德国教学计划所需要的教学场地、教学设备、生源、后勤保障、每专业不少于2名的中方师资等。

德国BBW教育集团主要负责派遣德国教师赴中国管理项目，组建师资团队，负责教学，提供教学内容、教学大纲及标准、证书及就业。负责和高新区的欧美企业建立校企合作关系，实现为企业人才定向培养。

苏州易北企业管理服务有限公司负责各方协调、对接，促进合作项目发展，扩大合作范围，承担学校与高新区德资企业合作，推进学生定向就业分配工作。

（二）"3+1+1"的人才培养新模式

汲取德国职教理念精华，结合指导性人才培养方案，建立"3+1+1"人才培养机制（试行），即3年学校专业基础教育，1年德国职业教育（以项目制实训教学为主），1年德资企业实习。

课程设置。结合"3+1+1"培养机制，设置"专业能力课程""生产技能课程""职业素养课程"三类。其中，"专业能力课程"在学生一至三年级由学校完成，主要教授理论和专业基础课程；"生产技能课程"在学生三、四年级由学校和企业协助完成，主要进行职业技能培训和项目实训教学；"职业素养课程"贯穿学生在校四年期间，主要完成文化课、劳动礼仪课、行为修养课、职业能力课及专业认识、企业文化熏陶等教学任务。

优选优育。采用"以校为主，校企联合，德方把关"的择生方式，由学生自主申报，学校组织申报学生参加笔试、面试，通过对专业理论知识、实操水平、团队合作、服务意识、奉献精神、行为习惯等综合素质测试，择优确定培养对象。笔试考题由学校、企业、BBW德方教师共同拟题；面试全部由企业、BBW德方教师操作。此外，在低年级（一至三年级）班级中采用"末位淘汰"竞争机制，激励学生提高学习效率，达到优选优育目的。

（三）"三三"教学实施新策略

中德职业技术培训中心所有课程及教学任务均由德国本土教师团队制定与实施，根据德国职业教育教学大纲，引入德国项目制教学法，开展以培养综合职业技能为核心的实训课程。教学方法采用项目制教学法，以功能性产品制造为项目内容，学生根据给定项目任务，自主地分析任务、拟定工作计划、确定实施方案，独立完成产品各模块生产加工与整体装配调试。在教学过程中培训师通过巡视与观察，掌握学员工作状态，根据实际需求执行一对一技术指导。

三维立体教学。三维即BBW人才培养模式的每个项目教学完整实施过程必须经过课堂、实训场所、企业三维实施教学。一维课堂教学，解决"应知"问题；二维实训场所教学，解决"应会"问题；三维企业教学，解决"应用"问题。三维教学方法逐层递进，最终培养学生实际生产能力。

三元综合考评。在德国"双元"——学校、企业的基础上，扩充为"三元"——学校、企业、社会，通过三元综合考评完善对BBW人才培养项目中学生综合素养的评价。学校考评即为项目课程、职业技能、综合技能的考评；企业考评即为实操能力、协作能力、岗位能力的考评；社会考评即为社会实践能力考评，主要考查学生社会服务意识、人际沟通能力、解决实际问题能力。

（四）德育管理创新

德是做人的根本，是成才的保障。在项目制教学过程中，逐步推广仿真企业班级管理模式，加大校企文化的渗透与融合力度，深度推进学校文化与企业文化的融合，培养学生的责任意识，树立职业理想。项目教学过程中实行多元评价。尤其在学生评价体制上，融进了职业素养、岗位职责、团队合作、责任意识、效率观念、安全保障等企业元素。经过"校企文化对接"和仿真管理实施与实践，使中德班级组织形式得到创新，形成了新颖的班级运作方式，建立了新型的师生关系，尤其是学生的职业观念得到改变，良好的职业性格开始形成，富有敢于探索的创新意识和较强的社会能力，学生职业人格得到了培育。

四、措施保障

（一）组织保障

成立由高新区党工委书记任组长、苏州市教育局局长任副组长的共建共管苏州高等职业技术学校领导小组，下设领导小组办公室和秘书处，由高新区管委会副主任、市教育局副局长、高新区人社局、招商局、文体局、财政局、狮山街道、市教育局高等教育与职业教育处、苏州高等职业技术学校、德国BBW教育集团等人员组成。该领导小组统筹协调解决共建共管建设中的重大问题，协调制定和落实相关政策，推动共建共管经验总结、特色品牌打造、宣传示范辐射等工作。苏州高等职业技术学校成立由校长任组长、各职能部门负责人为成员的中方校内工作小组，负责项目合作的具体实施。

（二）政策保障

早在1995年，苏州市教育委员会和苏州高新区管委会共签合作办学协议，探索深化苏州市教育局与苏州高新区管委会共建共管苏州高等职业技术学校新模式，成为苏州市教育局、高新区管委会支持苏州高等职业技术学校与高新区行业企业之间的信息共享、项目参与、互动合作的重要政策依据。高新区政府和行业主管、教育主管部门定期公布项目指南、组织项目申报和评审立项，为中德合作项目的建成和运行提供更具体的政策参考。2015年1月23日"中德职业教育合作项目汇报会"上传达的会议精神，为培训中心的进一步发展明确了方向和重点。

（三）经费保障

为保证中德合作项目建成运行，高新区管委会先期提供1 000万元资金，用于德方BBW教育集团的相关费用支出，后向苏州高等职业技术学校提供100万元设备资金及500万元项目运营资金。

（四）机制保障

为保证中德合作项目健康有序运行，相关领导小组先后制定实行许多保障性工作机制。建立政府、学校领导双向挂职制度，苏州市教育局聘请高新区管委会招商局副局长挂职苏州高等职业技术学校名誉副校长，苏州高等职业技术学校副校长挂职高新区管委会正科职岗位，形成管理人员政校互动培养新模式，保证政校合作问题及时顺畅解决。建立政校企合作对话联席例会制度，定期召开联席例会，保证在招生、专业建设、就业等各环节信息互通、问题共商、利益共赢，最大限度保证合作项目运行符合职业教育发展规律及最大多数人利益。另外，还建立政校企产学研项目支持机制及合作成果展示宣传机制，保证合作项目内涵建设持续深化。

五、创新成果

（一）拓展了培训师生的职教视野

中德职业技术培训中心引进德国职业教育理念、标准、人才培养模式，构建学校培养与企业需求、理论教学与技能实践、教学内容与岗位能力相对接的教学体系，使参训师生直接感受德国的教育理念、教学标准、教学方法，直接领略德国专家教师的严格、严谨、严肃，极大拓展了参训师生的职教视野。

（二）开辟了现代学徒制的创新形式

中德职业技术培训中心是高层次合作教育，其合作方涉及传统的学校（苏州高等职业技术学校）、企业（苏州易北企业管理服务有限公司）、政府（苏州高新区管委会），还涉及境内外合作（德国BBW教育集团与中国的学校、企业及政府），是一种国际化的、充分体现现代学徒制的合作育人模式。

（三）提升了参训师生的技能技术水平

中德职业技术培训中心开班运行以来，通过项目制教学，倡导小组合作及独立思考，参训师生技能技术水平明显提高。机电一体化技术专业学生能够读懂复杂电气图，完成较复杂零件车削和铣削加工，完成控制逻辑程序设计和产品零部件装配。数控技术专业学生能够自主分析产品图纸信息，完成功能性产品零部件加工与装配，既巩固提高传统机械加工技能，又学习掌握现代化机电加工综合技能。参训教师通过接触实际项目，技能技术水平也得到了明显提升和拓展。

六、创新意义

（一）境内外合作教育有利于直接学习借鉴国际先进职教理念、模式、方法

中德职业技术培训中心建成、运行以来，其合作育人的物质成果固然可喜，其直接引进或间接体现的理念、模式、方法对参训师生乃至系部学校更大范围内师生的精神启迪不容忽视。培训中心开班运行以来，参训师生学习态度、实训规范、成长愿景等均有明显改善、提高，尤其是系部学校相关管理人员通过对培训中心运行的观摩学习，为加强教育教学管理找到了更多更好的出路。

（二）政校企合力推动有利于直接推动传统校企合作育人机制的创新发展

传统校企合作突出校企合作主体，却陷于学校热情、企业冷淡、政府难为的怪圈，其中问题纠缠不清，合作育人名不副实。中德职业技术培训中心合作育人直接高效：合作方及其权利义务明确具体，合作育人方案办法切实可行，实施过程及效果可控可测。较好避免了传统校企合作责任推诿、利益扯皮等不利于职教事业发展的情况，也为现实推动校企合作深化发展的机制创新提供实践平台。

（三）合作培训的实践探索有利于直接提升参训师生的技能技术水平且示范效应明显

中德职业技术培训中心的建成运行，毕竟是区别于原有实训教

立德树人：知行合一的实践探究

学和校企合作育人的创新模式，参训师生由于选拔严格、被赋予较高期望、设施设备先进、有宝贵的出国培训参观机会等，学习培训的效果明显优于非参训师生，参训学生技能技术的进一步提升不仅有助于自身就业创业的成功，更在很大程度了展示了技能技术学习进步的可能性和可行性，更大范围内鼓励师生提高技术技能，努力成长成才。

中德职业技术培训中心运行以来，得到了社会的认可与肯定。苏州日报、苏州电视台、姑苏晚报、新华网、新浪苏州网、中国苏州网等主流媒体分别以"中国职业教育引入德国标准""德国BBW教育集团落户苏州高新区""苏州高新——为发展提供人才平台""中德职业技术培训中心在苏揭牌""苏城职业教育引德国元素，在苏考核拿德国证书"等为题进行了宣传报道。苏州21家兄弟院校也前来参观学习，东莞人社局、东莞技师学院领导专程来校交流。苏州新区辖区内的近20家德资企业前来洽谈毕业生和校企合作等事宜。对BBW平台政校企"三位一体"共育技术技能人才培养模式的探索还任重道远，我们将继续努力，不断探索。

第二节　政校企联动，德知技并重

2005年，苏州高等职业技术学校当选为苏州市高新区政府成立的"技职院校毕业生就业指导研究会"的会长单位，牵头共建了政校企校园人才市场平台；2007年，在分析苏州及周边区域产业转型升级对制造类人才质量需求的影响的基础上，成立了"校企合作专业建设指导委员会"，在"利他惠人"的理念指导下推进校企合作；2008年，学校设置机电工程系，以高规格为要求进行设计，以高水平为目标进行建设，开始了人才培养的创新实践，在中职机电类专业中创新开展了"政校企联动·德知技并重"人才培养实践，创建了"彩虹德育"育人模式，构建了"任务项目进阶·技能素质递升"课程体系，拓建了示范共享型实训基地，搭建了全媒体数字化教学平台，历时十余载，形成了一系列教学成果，产生了良好的社会影响。

一、让立德树人的目标更接近现实，健全德技双馨育人机制

自创德育模式——"彩虹德育"。引领学生"胸怀梦想、正面思考、坚信成功、培养良习、掌握技能、拒不放弃、凡事感恩"，开展德育工作精细化常规管理和德育工作专业化建设两大德育活动，设计"彩虹之星"评选项目5项，将德育内容与机电专业特点相互补，激发学生内心积极动力。

机电系定期举办读书节、体育节和"文明风采"大赛，发展学生社团（"梦飞翔"机器人社团获评苏州市优秀社团），建立学生创业创新教育基地，打造学生素质拓展平台。

以德育干部、班主任、学生为主体的"三自"管理形成全员育人合力，德育内容与机电专业特点相结合：一是将企业文化与德育课程内容有效结合，开设有特色选修课（"焊林修修"义工选修课等）；二是充分了解企业的用人标准，组建项目班小组学习；三是带领学生亲身感受企业氛围。

二、构建"任务项目进阶·技能素质递升"的机电专业能力培养课程体系

校企成立专业教师、行业专家、企业技术骨干和国外培训师为主的课程开发工作小组，校企共同开发融岗位技能要求和职业资格标准于一体的专业能力培养课程体系，开发适合学生的课程。开发中借鉴吸收国际课程理念，形成开发与更新的常态机制。第一学年掌握理论、实践基础；第二学年积累实践、工作经验；第三学年实践、工作经验达标。依据"三阶段"能力培养规律，构建机电专业能力培养课程体系。

基础平台课程采用项目化的教学、引入生产性实训内容，学生

在完成实训任务的同时，讲授基本的专业知识，比如在学生进行金属加工与实训的同时，同步讲授机械制造的相关知识。重构综合实训课程，以能力递进为目标，开发覆盖机电专业核心课程的综合实训项目。对照职业能力发展及岗位能力要求，和企业共同建设实训课程体系，将实际生产性项目归纳成由简单到复杂、保持关联和递进的项目化实训课程体系。综合实训课程将传统的"电气系统安装与调试""PLC编程与应用技术和液压与气动系统装调"等核心课程融为一体，开发了直角物料推送装置、金属塑料分类装置和物料传送运输装置等综合实训项目，根据技能模块的难易顺序层层递进。专业方向的部分课程安排到公司的相应岗位上进行，企业工程技术人员或能工巧匠作为兼职指导教师，学生顶岗实习，在完全真实的生产环境中完成实习。

三、拓建面向智能制造的示范共享型实训基地

政府扶持，校企共建"中德职业技术培训中心"，多方共建，分担成本，股份合作，明确职责，共同受益。培训中心利益共享，形成政校企协作共同体（图4-1）。自2008年以来，学校新建、改

图4-1 共建实训基地分担成本示意图

造、扩建实验实训基地,将实训车间由集中式控制向分散式增强型控制的基本模式转变。学校与德国职教集团合建中德职业技术培训中心,建立多个灵活的个性化和数字化的"项目制教学车间"。

融入ISO9000质量管理体系标准,建设共享型的实习实训基地。学校设立专门的实训基地管理机构,组建专业化运行管理团队4人,负责基地日常运营管理,引进德国专业培训机构协助运营管理,并引入ISO9000质量管理体系进行效能评估。实训基地制定了包括设备管理、人员管理、固定资产管理在内的一系列制度文件。

基地承担职业院校技能大赛及各级各类培训认证,行业活动,成为高效运作的校企共享型实训基地。融教学、培训、生产、科研、技能鉴定等功能于一体,满足区域内职业机电类专业人才培养需要,服务区域内中小企业新技术推广应用和员工培训,实现了实训基地的共享多能。

四、搭建全媒体数字化教学平台

平台配备虚拟现实(VR)实训教学系统,通过软件设置故障指令,实现不破坏元器件的故障设置,相对于传统实物故障设置,更加安全、便捷且极大节约成本。与德国西门子公司和日本沓泽会社共建了2个校企联合实验室,配备智能制造设备和相应的智能制造VR仿真实训,在国内率先开发使用职业教育VR课堂。

通过外联投影,直观显示设备运行状态,实现同一台设备多人学习的信息化教学功能。运用虚拟现实技术教学,在一定程度上解决了在教学中因学生要领不熟导致的安全问题,同时兼顾学生自操自练,提高了实训效果。虚拟现实技术开发了数字化学习空间,学生可以在业余时间观看教学微视频,延伸学习时间和空间,提高学习效果,提升学生的信息素养。机电专业教师团队参与制作的中国大学MOOC首批中职课程"玩转AutoCAD",截至2017年11月,全国已经有12 578人在线学习。

校内其他系部的借鉴应用,促进了学校高水平现代化职业学校的建设,促进学校整体深化教学改革和发展。坚持教育公益性,开展对新疆石河子市、贵州铜仁市等中西部地区的帮扶支援,免费提供专业培训,获得了学员一致好评。依托基地,面向社会、企业已成功培训高技能人才上万人次,产生了良好的社会效益。成果已先后被德国 *Frankfurter Stadtbote*、《新华日报》《扬子晚报》等多家媒体竞相报道,苏州电视台也进行了追踪报道,国内外美誉度较高,产生了广泛的社会影响力。

第三节 基于 BBW 平台中外校企合作育人的实践与研究

职业教育是我国教育体系的重要组成部分,担负着为国家社会主义现代化建设培养技术技能型人才的重要任务,在国家经济结构转型人才需求不断增加的今天,国家高度重视职业教育的发展。校企合作是当前职业教育领域被广泛倡导的一种人才培养模式,这种人才培养模式可以实现企业、学校、学生多方共赢。在教育全球化的大背景下,中外校企合作是校企合作领域的一个跨国合作,充分学习、借鉴西方在育人方面长期积累下来的卓有成效的经验,对我国职业教育的高质量发展是一个有力的推动。中外校企合作是我国职业教育发展领域的一个探索,有利于全面提升职业学校人才培养质量,从而更好地满足企业不断提升的人才要求。我国在中外校企合作育人方面还处于一个起步探索阶段,很多学校在这一人才培养模式实施中尚存在较多的问题,因此对这一课题进行研究,对于职业教育的健康发展以及与世界的顺利接轨都具有重要的现实意义。本文对于中外校企合作思路创新的原则进行了基本的探讨,梳理总结了 BBW 职业教育模式的内涵、价值取向,同时在对苏州外资企业用人情况进行调研的基础上,思考了基于 BBW 平台中外校企合作育人的具体策略。

一、中外校企合作思路创新原则

在全面深化改革背景下,我国教育领域与国外的交流合作逐渐增多,其中职业教育领域的中外校企合作在很多方面更是走在了前列,取得了很多宝贵的经验,也遭遇了不少的挫折,结合学校自身实践,中外校企合作思路创新应遵循以下原则。

(一)全面合作原则

对中外校企合作思路创新而言,全面合作是一个非常重要的方向和内容,全面合作要求合作双方实现深层次的办学合作,从目前中外校企合作的情况来看,合作层次低的问题比较突出,合作基本上集中在课程这一层次,在人才培养理念、实践能力提升等方面没有相应的合作,实践证明这种合作模式很难达到合作办学的目的。因此未来中外校企合作创新一定要做到全面兼顾、重点突出,努力提升合作层次,在人才培养目标、培养计划、培养理念等各个方面通过充分沟通达成一致,努力推动创新朝着正确的方向不断前进。

(二)基于国情原则

中外校企合作思路创新要立足我国国情,不能够脱离实际来进行创新,如果脱离了国情来进行创新,很容易就会导致创新失去意义。从这一角度来说,中外校企合作并不是不顾国情盲目照搬外方的教学模式,而是要汲取合作方的教学经验,做到为我所用,这样才能够取得合作的成功。职业教育合作育人一定要与社会主义核心价值观相符合,一定要与职业教育根本办学目的相一致,中外合作办学创新不能冒进,更不能够漠视实际,这样才能够实现创新的目的。

(三)需求导向原则

需求导向思路是指中外校企合作创新必须要围绕用人单位(企业)的用人需求来进行,这样才能够确保培养出来的人才符合用人单位的要求。对于职业学校来说,只有培养的人才能够胜任企业岗位工作,得到用人单位的青睐,学校持续发展才有良好的基础。基于这一点,中外校企合作创新,必须要做好对于用人单位在学生能力、知识要求的全面掌握,将这需求作为校企合作创新的基本导向,确保培养的人才具有用人单位所需要各种素质、能力,全面地提升创新的有效性。

二、BBW 职业教育内涵价值取向

全面总结分析 BBW 职业教育内涵以及价值取向,对我国职业教育改革具有重要的启示。

(一)BBW 职业教育内涵

德国 BBW 教育集团(德文全名:Bildungswerk der Wirtschaft in Berlin und Brandenburg),为德国柏林及布兰登堡州企业联合会下属的教育集团,拥有丰富的企业资源、政府资源以及高标准的职业教育机构。在德国柏林及布兰登堡州拥有 25 所职业学校及多家学习型工厂、1 所职业教育学院以及 1 所柏林和布兰登堡州最大的私立大学,拥有近 700 位教师,是柏林及布兰登堡州最大的职业教育集团。德国 BBW 教育集团业务范围从职业培训到学历教育,涉及各类专业,为该地区超过 1 800 家企业提供员工培训服务。BBW 职业教育强调以需求为导向来进行人才的培养,注重学校与企业之间的密切配合,实现了学校人才培养与市场需求的有效衔接,让学生的理论学习与企业实践有机结合,让学校发展与企业发展齐头并进。

(二)BBW 职业教育价值取向

从 BBW 职业教育的价值取向来看,主要包括以下几点:一是强调学生的综合素质提升,BBW 职业教育的价值取向的核心就是要求人才具备多种技能,强调一专多能;二是凸显特色,BBW 教育集团在校企合作人才培养方面,准确进行人才市场需求分析,注重专业调整,根据学校的资源来进行特色人才培养,从而实现培养的人才具有差异性,提升毕业生的就业竞争力;三是技能导向的人才培养理念，即要求学生要掌握一定知识以及技能，培养在工作中能够运用技能以及能力进行实际操作的人才。

三、中外校企合作需求调研分析

对于用人企业人才需求状况进行一个调研分析，可以更好地明确中外校企合作人才培养目标，笔者通过对苏州国家高新技术开发区内外企的用人情况进行了调研，将企业用人需求归纳如下。

（一）实践能力方面

苏州高新技术开发区内外企数量众多，这些企业对于劳动者的实践能力要求比较高，希望毕业生快速胜任工作，就要求职业学校转变目前以理论教学为主的模式，加强中外校企合作，增加实践课程，增强学生的实践能力，更好地满足用人单位的需求。

（二）文化知识方面

外企与本土企业在企业文化层面存在较大差异，文化背景冲突是外资企业经营管理中的一个现实问题，如何实现文化融合，这是中外校企合作领域需要深入思考的一个问题。因此中外校企合作，向学生宣讲外资企业文化是一个必要措施，这样做的基本目的就是帮助毕业生更好地适应外资企业文化，从而保障各项工作的顺利开展。

（三）创新意识方面

苏州的外企对于职校毕业生的创新意识要求比较高，随着时代的不断发展，对于企业来说，产品同质化严重，创新对于企业发展的重要性不断凸显，在这种背景下，企业对于员工的创新意识非常重视。对于职业学校来说，应注重毕业生创新意识的培养，这样可以确保毕业生进入企业之后，在本职工作中不断创新，继而给企业创造更多的价值。

四、基于 BBW 平台中外校企合作育人策略思考

基于 BBW 平台的中外校企合作本身是一项专业性、系统性很强的工作，本文认为中外校企合作育人，重点要做好以下三方面的工作。

（一）创新中外校企合作育人模式

基于 BBW 平台的中外校企合作育人在合作模式层面需要进行创新，BBW 教育集团除了输出办学经验之外，更要在办学理念、人才培养目标等层面与中方达成一致，学校可与 BBW 教育集团就人才培养层次、类别、数量、专业设置、技能要求等方面进行全面协商，制定相应的计划，可以引入轮岗模式、"1+1"人才培养等模式，安排学生在不同的岗位上进行实习，全面了解掌握实习工作的方方面面，这也有助于学生能力的培养。

（二）加强中外校企合作育人师资

中外校企合作需要加强师资层面的合作交流，具体来说就是中方职业学校派教师到 BBW 教育集团下属的学校进行培训，通过师资培训，更新教育理念，学习人才培养经验，从而实现自身教学能力的不断提升，同时职业学校也要多多邀请外方教师前来授课。中外校企合作背景下的合作育人关键在于师资层面的交流合作，只有构建一支能力突出、理念先进的师资队伍，才能够为双方的合作提供更加坚实的基础。

（三）优化中外校企合作课程设置

在课程设置方面，基于 BBW 平台中外校企合作课程需要进行不断的优化，一方面是要树立起来市场导向课程设置体系，对于与学生就业能力培养无关或者关系不大的课程应减少学时，举例而言，一些公共基础课程可以适量减少，但是专业课程可以适量增加，大幅增加实践课程课时，减少理论课程安排。苏州高等职业技术学校要实现教学重点由原来的关注学生"懂不懂"知识的理论

教学向关注学生"会不会"技能的实践教学转变。课程体系的设置方面，重点是要进行动态调整，构建与职业资格考试挂钩的课程体系，实现学生职业能力的提升。

在职业教育深化综合改革，国家大力倡导中外合作、校企合作大背景下，中外校企合作育人具备了良好的政策支持和市场氛围，需要职教人结合自身实际积极探索构建中外校企合作育人模式，从而推动职业教育的更好发展，为社会主义现代化建设源源不断地输送高质量技术技能人才。

第四节　创新实践现代学徒制，培养物联网产业技能人才

为进一步完善校企合作育人机制，创新技术技能人才培养模式，苏州高等职业技术学校与作为国家军工骨干研究所和江苏省新型传感材料及器件工程技术研究中心的中国电子科技集团公司第五十五研究所联合开办物联网应用技术专业"一位学生、二位导师"式现代学徒制试点工作，校内有老师、校外有师傅，校企深度合作、教师和师傅联合传授知识与技能，成效显著，不失为人才培养模式的"升级版"。

一、校企合作创新实践现代学徒制的背景

（一）宏观背景

根据党的十八大精神和《国家中长期教育改革和发展规划纲要（2010—2020年）》、国务院《关于加快发展现代职业教育的决定》（国发〔2014〕19号）、教育部《关于开展现代学徒制试点工作的意见》（教职成〔2014〕9号）、教育部《关于开展现代学徒制试点工作的通知》（教职成司函〔2015〕2号）等文件精神，以"深化产教融合、校企合作"为切入点，为进一步完善校企合作育人机制，创新技术技能人才培养模式，苏州高等职业技术学校与中

国电子科技集团公司第五十五研究所联合开办物联网应用技术现代学徒制试点班，开展学徒制试点工作。

（二）微观背景

1. 学校背景

目前，苏州高等职业技术学校逐渐形成了以先进制造业为主体，传统工艺和现代服务业相结合的"一体两翼"专业结构，有电子工程系、信息工程系、机电工程系、服装工程系、艺术设计系、经济贸易系六大专业群。近年来，学校在职教发展的大背景下，各项事业阔步向前，成为国家技能型紧缺人才培养培训基地院校、首批江苏省高水平示范性职业学校、首批江苏省高水平现代化职业学校。学校已成为苏州培养优秀技术技能型人才和高技能人才的摇篮。

2. 企业背景

中国电子科技集团公司第五十五研究所是国家军工骨干研究所之一，公司有近百位中、高级职称的技术人员，是江苏省新型传感材料及器件工程技术研究中心。主要开展云计算、物联网、特种摄像系统、网络技术、软件开发、系统集成等方向的开发、实施、销售。在教育行业，公司与多所院校建立了专业建设方面的校企合作，是江苏省职业院校技能大赛物联网赛项合作企业、全国职业院校信息化大赛比赛用设备研发单位、全国职业院校技能大赛云安全赛项合作企业。

二、校企合作创新实践现代学徒制的运行

（一）校企共同设置学徒制合作开发项目

根据长三角经济发展模式的转变对复合型计算机应用人才在物联网技术及应用能力等方面的要求，校企双方将物联网应用技术专业课程设置与物联网产业人才需求的对接，教学过程与企业项目实施、产品生产对接，利用师徒制，以项目合作开发为载体，包括智

能家居、智能交通、物流控制、应急通信、公共安全、工业检测等物联网应用行业的技术服务、设备运营和企业管理等业务。

（二）校企共同研制学徒制人才培养方案

校企双方根据学生实际，共同研讨教学项目、人才标准和评价指标，将学生基于生产过程的项目产品、学校教师和企业师傅基于项目教学中的德育评价，纳入学生的学业评价指标中，建成"公共课程+核心课程+教学项目"为主要特性的专业课程体系。核心课程如 Java 移动端开发、感知器件功能与应用、物联网组建与管理等多课程根据企业实际进行相应整合，教学项目如 C++软件开发则严格按照企业的生产流程、标准进行。

（三）校企共同进行学徒制动态过程管理

工学结合人才培养模式改革是现代学徒制的核心内容，过程管理尤为重要。在校期间，学校教师定期定人定项目地与企业共同研讨开设符合物联网专业的校本课程，企业派遣技术骨干来校授课，参与学徒制班级的教育教学等活动，学生管理以学校为主、企业为辅。在学徒期间，企业进行过程动态跟踪反馈，校企双方密切关注学生的工作、生活和学习，通过校企 PK、技能竞赛、文体活动等激励学生学习物联网专业技能和工作生活常识。

三、校企合作创新实践现代学徒制的保障机制

（一）组织保障

学校设立物联网应用技术现代学徒班，根据工作要点进行任务分解并实施考核，工作小组开展调查研究，倾听师生员工特别是专家、学者的意见，同时探索完善各项管理制度，推行目标管理。

（二）经费保障

学校安排 1 000 万元的创建基金，其中财政支持 800 万元，自筹 200 万元，探索引入社会资金，增强自身再生造血功能。同时，完善资金使用各项管理制度，强化项目绩效管理，科学规划资金使

用，提高资金使用效益。

（三）师资保障

为保证物联网技术专业教学质量，学校配备了专职教师9名，高级职称教师占比33%，中级占比67%，双师型教师占比达44%，研究生学历占比达78%。引进企业指导教师5名，其中高级工程师占20%。

（四）基地保障

目前，学校已投入270万相关实训设备，建有多个物联网相关实训室，物联网应用技术专业实训基地是省级软件技术实训基地，经过3年左右的建设，预计将建成400~500m^2的实训基地。

校企合作创新实践现代学徒制的最大特点是采用校企合作、工学结合的形式，学徒（学生）的学习是企业实训和课堂学习的有机结合。以江苏联合职业技术学院五年一贯制学生为例，采用的是"2.5+0.5+1+0.5+0.5"的形式，前两年半在校学习物联网基础理论知识和基本技能，半年时间在五十五所进行"项目教学"，接下来1年时间结合生产教学、项目学习相关理论知识和技术技能，半年进行"项目实训"，最后半年通过双选会等形式进行"顶岗实习"并完成毕业论文答辩等工作，学生毕业时取得计算机物联网应用工程师、计算机网络管理员等职业资格证书。

校企合作创新实践现代学徒制是传统学徒制的一种继承和发展。它在保持传统学徒制重视技能训练的基础上，又重视知识教育，解决了职业院校在培养学生职业道德、工作习惯、工作过程等方面的缺陷，这对于构建现代学徒制的培养体系具有重要的现实意义。同时，校企合作创新实践现代学徒制提高了人才培养质量。它有利于行业、企业技能人才培养主体地位的发挥，有利于行业、企业技能人才培养过程的参与，有利于实现"学校专业—产业需求""学校课程—职业标准""学校教学—企业生产""毕业证书—职业资格证书""职业教育—终身学习"的"五个对接"，主动适应区域经济社会转型升级，为技术技能人才成长、成功、成才奠基，是落实产教融合、校企合作、工学结合、知行合一的有益探索。

校企合作创新实践现代学徒制为导向的人才培养模式——"一位学生、二位导师",这种校内有老师、校外有师傅的"现代学徒制"合作育人模式将成为校企合作、工学结合的技能人才培养新模式,是培养符合企业需求的物联网产业的高素质技能人才的重要途径。今后,学校将根据现代学徒制的本质特征,分专业研制校企双元育人的人才培养方案、课程体系、学籍管理办法、各项制度标准、考核评价体系等,进一步系统研究现代学徒制的内涵特征、运行机制、办学模式、管理体制等,让理论引领实践探索,实践推动理论创新,不断提高人才培养质量。

立德树人：知行合一的实践探究

第一节 基于物理核心素养视域下实验观察能力的培养

随着国家颁布学生发展核心素养及各学段的课程标准，如何进行指向学科核心素养的立德树人的能力培养，如何进行指向物理学科核心素养的课程育人是一线物理教师必须面对的重要且必要的实践课题。笔者基于物理核心素养的视域，从学生实验观察能力这一对优化物理教学、激发学生兴趣、培养科学思维的物理核心素养关键能力作为切入点，力求以小见大、以点带面、管中窥豹，在立德树人中的课程育人、能力培养等方面做一些实践探究。

物理核心素养是指学生在接受物理课程教学过程中逐步形成的适应个人终身发展和社会发展需要的正确价值观念、必备品格和关键能力，是学生通过课程学习内化的具有物理学科特性的品质。

物理学是一门以实验、观察为基础的自然学科，通过实验活动和观察现象研究自然界物质基本结构、相互作用和运动规律等。经典物理学奠基人牛顿曾提出解决物理问题的程序是"先从实验观察找出因果关系，然后得出普遍法则和一般规律，最后发现结构和作用"。因此，实验观察能力对优化物理课堂教学，对激发学生学习兴趣，对培养学生科学的思维方法和实事求是的科学态度具有特别重要的意义，实验观察能力的培养是学生踏进物理学殿堂的起点。

一、实验观察含义

观察实验，不仅要用眼睛对物体的颜色、形状、大小进行观察，而且要用耳、鼻、手等其他感觉器官对声音、气味、冷热等进行感受。观察实验，不仅要观察物体的特征、状态，而且要观察物体的变化和变化过程，并且对感受到的信息进行分析、处理。所以，物理教学中，实验观察应理解为通过各种感觉器官，有目的、有计划、有步骤地对物理实验信息的感知过程。

实验观察中，观察者、观察对象、观察工具是三个重要因素。学生是观察活动的主体，他们通过观察工具对观察对象进行观察活动，然后经过归纳、综合得出观察结果。观察对象是物理实验中的某物体、某现象或某变化过程，观察对象是观察活动的客体，它是由观察者根据实验的需要来确定的，例如，用单摆测重力加速度实验中的单摆及其运动，用游标卡尺观察光的衍射现象实验中的日光灯等都是观察对象。观察工具是观察者进行观察活动的物质手段，它是人的感觉器官的扩大和延伸，它能把人们难以感知或不可感知的现象变为容易感知或可以感知的现象，如显微镜、万用表、温度计以及计算机、投影仪、录像机等都是观察工具，观察工具在一定程度上代表着实验观察水平。

二、实验观察原则

（一）目的性原则

物理实验观察前要提出观察任务，明确观察目的，这就是目的性原则。物理课堂上，学生不仅能感受到教师讲课的声音、动作、实验产生的各种现象等，也能感受到教师的穿着、周围的环境等非教学信息，例如在"平抛物体运动"一节中的平抛仪演示实验。实验前需让学生明确实验目的是研究平抛运动的规律。在演示自由落体运动小球和平抛小球的运动前,需让学生明确将要观察的目的:一是观察两小球的运动轨迹,二是听两小球落在水平板上的声音。学生只有在思想上有了充分的准备,实验中才能从从容容地观察到各种有用的信息,总结实验规律,否则,往往会出现教师已演示完实验,学生却不知观察什么的情况。所以,观察前明确观察目的是实验观察的先决条件。

(二)客观性原则

实验结论的得出必须以客观存在的事实为出发点。所以,实验观察中学生需获得真实、准确地反映客观世界的各种事件和现象的科学事实。观察的客观性原则是实验研究的最基本的依据。物理实验中应鼓励学生的实验报告数据必须是在实际观察中得出,即使结果出现误差,也是有意义的,是符合客观性原则的。例如在演示固体分子间相互作用时,应把两铅块直接用力压在一起,依靠铅分子作用力使其连接起来。有的教师担心做不成功出洋相,事先偷偷涂上胶,这样做是违反客观性原则的。演示实验应让学生观察到真真实实的物理现象,即使实验失败了,也应实事求是,分析失败原因,重新做好实验。这样对培养学生的实验观察能力、实事求是的科学态度和思想品德素质等物理核心素养都更加有利。

(三)全面性原则

全面性原则要求观察实验的部分及整体,观察实验变化的各个阶段及全过程,观察实验对象的内部关系及与其他事物的相互联系。只有全面、系统、动态地观察实验对象,才能比较客观、全面地反映实验事实,总结出正确的实验规律。例如"验证牛顿第二定律"的实验,要求把小车运动的全过程划分成等时间的各个阶段,然后观察各个阶段中位移的变化,测出各个阶段的加速度,然后纵观全过程,通过分析比较,得到小车运动全过程中的运动规律。实验中少数学生只测一个或某一局部的一组数据,不注意全面观察,得出的结果误差比较大,就是因为违反了全面性原则,犯了片面性错误。因此,在实验中需从实验对象的空间分布、时间演化和相关关系上，全面观察实验对象，才能得出全面、客观、正确的结论。

（四）**典型性原则**

实验观察中，要使观察事实能反映出客观本质，就应该把与当前无关次要的因素撇开，把主要方面充分暴露出来，这样就可以简化观察过程，保证观察结果具有典型意义。例如在"电场中等势线的描述"实验中，要求在导电纸上两电极间画出五个基准点，在第一个基准点两侧各探测出五个等势点，根据这些等势点描绘出一条等势线。同样，可画出另四个基准点的等势线。这五条等势线是典型的观察对象，很清楚地反映了两电极间等势线的分布规律，并不需要画得密密麻麻的。选择典型的观察对象，在典型条件下完成观察，这就是典型性原则。

实验观察中，须辩证地处理目的性原则、客观性原则、全面性原则和典型性原则间的关系，圆满完成实验观察任务。

三、实验观察能力培养

（一）**做好观察准备**

一是知识准备。知识准备越充分，观察的效果就越好。

二是仪器准备。教师在实验前须引导学生认真观察实验仪器的初始状态，讲解实验仪器中各部件的配置和它的作用，以及整个实验仪器的设计思想和有关原理。

（二）**明确观察目标**

实验者必须有明确的观察目标和观察重点。为明确观察目标和观察重点，教师要做好实验前的指导，这样在观察实验时可避免盲目性、片面性，避免主次不分，避免以局部代替整体忽略瞬间即逝的实验现象。

（三）**制订观察计划**

指导学生制订周密的观察计划，确定好观察对象，拟订出常规观察项目和特殊观察项目，明确观察要点很重要。若没有周密观察

立德树人：知行合一的实践探究

计划就没有科学的观察顺序，学生们往往顾此失彼，观察不够全面，不得要领。如观察水的沸腾实验，就可制订好观察计划（表5-1）。

表5-1 水的沸腾实验观察计划

观察步骤	观察内容	观察重点
水开始加热	杯底和杯壁上出现许多小气泡，小气泡从无到有	杯底和杯壁小气泡变化
水沸腾前	小气泡脱离杯底和杯壁上升，气泡上升到水的上层较冷水层时，遇冷液化成水	气泡由小变大，由大变小，直到液化成水
水沸腾时	随着温度升高，气泡逐渐变大，上升至液面破裂，放出水蒸气	气泡破裂，水蒸气形成

（四）诱发观察兴趣

教育心理学认为，兴趣是一个人倾向于认识、研究并获得某种知识的心理特征，是推动人们求知的一种内在力量，兴趣必然引起追求，而追求和研究会导向对事物的深刻认识和理解。

学生学习动机中最活跃的成分是兴趣，它能很好地推动学生主动地去学习知识，研究探索。兴趣的培养不仅能转化为学习的动力，而且也能促进能力的发展，以提高学习质量和形成良好的个性品质。在观察活动开始时，学生往往带有一种极强的好奇心，喜新奇、好热闹，而这种好奇心正是兴趣爱好的原动力。教师在实验中，必须抓住学生容易产生好奇心这种心理特征，促使其变好奇心为观察兴趣，进而转化为求知欲望。

与此同时，对实验进行简单的改进，也可提高学生实验的兴趣。例如：在演示惯性现象时，用生鸡蛋代替钢球置于硬纸片上，将惯性演示仪换成玻璃杯（杯里放些细沙），然后左手扶杯，右手拿一根硬棒猛击硬纸片，使硬纸片突然弹出去，此时鸡蛋由于惯性保持原来的静止状态，所以仍停留在原来的位置，片刻后由于失去支持而掉进杯里。这样经过改进的实验，在演示时引起所有学生的极大兴趣。在演示实验时，学生个个睁大眼睛专注于演示的整个过程，而当接下来的现象出乎他们的意料时，所有人都如释重负地呼出了一口气，兴奋了许久，同时感到惯性现象实在有趣，产生了想学好这节课的动机，在接下来的听课过程中精力集中。

（五）运用科学观察方法

笔者从实践中，根据学生学习特点、学习习惯，摸索出以下几种学生常用的观察方法。

1. 顺序观察法

顺序观察法即先观察什么，后观察什么，要按顺序观察。

2. 分步观察法

对于一些复杂的物理现象，应按照所制定的观察计划，引导学生按照一定的实验步骤，一步一步地仔细观察。

3. 整体观察法

观察程序为先由整体到部分，再由部分到整体，即先对整体有一个初步的、一般的、粗略的轮廓印象后，再从对象的各部分细致地观察，从而对整体对象有一个正确的认识。整体观察法强调学生综合运用眼、耳、手、鼻、舌等各种感觉器官进行观察，不遗漏重要的"细节"。

4. 重点观察法

抓住反映事物本质的关键部分或现象进行观察，培养学生观察的"选择性"。

5. 重复观察法

有些现象稍纵即逝，观察速度跟不上，重复观察后，方能有所得益。

6. 归纳观察法

归纳法是在获得许多个别事物知识的基础上，概括出事物的一般原理的方法，是从个别到一般的推理形式和思维方法。

7. 对比观察法

人们认识事物、现象，往往是通过对两个事物、现象的对比，或把某一现象发生的前、后情况进行比较来实现的。

门捷列夫曾说过，科学的原理起源于实验的世界和观察的领域，观察是第一步，没有观察就没有接踵而来的前进。具有观察的素质和敏锐的观察能力是学生今后从事工作、研究和创新必不可少的核心素养，让我们关注实验观察能力的培养，让观察能力成为物理实验教学绽放出的美丽鲜艳的奇葩！

第二节　基于核心素养视域下幼师物理教材编写建议

立德树人是发展中国特色社会主义教育事业的核心所在，是培养德智体美劳全面发展的社会主义建设者和接班人的本质要求。

教育部颁发的《关于全面深化课程改革　落实立德树人根本任务的意见》，明确提出要统筹课标、教材、教学、评价、考试等环节，协同推进教材编写、教学实施、评价方式、考试命题等各环节的改革，把教材建设作为关键领域和主要环节着力推进。教材的生命力在于质量，笔者认为提高质量关键应做好以下三点：一是优化教材内容，将社会主义核心价值观的基本内容写入并渗透到学科教材中。二是强化教材的教育载体功能，提炼学生全面发展和终身发展必备的、最基本的知识、能力、素质和品质。三是创新教材的呈现形式，根据学生的年龄特点，密切联系学生生活经验，设计教材内容的呈现和编排方式，使之更加生动、新颖、活泼，增强对学生的吸引力。以上三点恰与落实立德树人根本任务，培养学生核心素养的要求相辅相成、相得益彰。鉴于此，笔者基于核心素养视域，对物理教材编写进行了深入思考，提出了编写建议。

物理学基于观察与实验，建构科学模型，应用数学工具，通过科学推理和论证，形成系统的理论体系和研究方法，是一门研究自然界物质基本结构、相互作用和运动规律的基础学科。物理核心素养对幼师学生全面贯彻落实党的教育方针，践行社会主义核心价值观，落实立德树人根本任务，担起民族复兴大任起着关键作用。满足幼师学生未来职业发展、终身学习。

第五章 核心素养

一、物理核心素养内涵

物理核心素养是指幼师学生在接受物理课程教学过程中逐步形成的适应个人终身发展和社会发展需要的正确价值观念、必备品格和关键能力,是幼师学生通过课程学习内化的具有物理学科特性的品质,是幼师学生发展核心素养的重要组成部分。幼师学生物理核心素养主要由物理观念及应用、物理思维与创新、科学实践与技能、科学态度与责任四个方面的要素构成。

(一)物理观念及应用

"物理观念及应用"是指人类对自然界所形成的关于物质、运动、相互作用、能量等的基本认识,是对物理概念和规律的提炼与升华,是人类解释自然现象、解决实际问题、能动地改造世界的基础,包括物质观念及应用、运动观念及应用、相互作用观念及应用、能量观念及应用等要素。

(二)物理思维与创新

"物理思维与创新"是指人类从物理学视角对客观事物的本质属性、内在规律及相互关系的认识方式,是基于经验事实建构物理模型的抽象概括过程,是假设推理、分析综合等方法的具体运用,是基于事实证据和科学推理对不同观点和结论提出质疑、批判、检验和修正,进而提出创造性见解的能力与品格,包括模型建构、假设推理、科学论证、质疑创新等要素。

(三)科学实践与技能

"科学实践与技能"是指人类在认识自然规律基础上,能动地改造客观世界的社会活动和行为表现,是人类把自身的需要、目的、观念实现在产品中的技术与能力,包括实验观察、操作技能、技术运用、探究设计等要素。

(四)科学态度与责任

"科学态度与责任"是指人类在认识科学本质,理解"科学·

技术·社会·环境"关系的基础上,进行科学探究、生产实践过程中逐渐形成的情感态度、价值取向、精神品质和行为表现,包括合作交流、工匠精神、社会责任、科技传承等要素。

二、物理教材编写建议

在幼师物理课程实施过程中,物理教材作为最直接的课程资源,应在提升幼师生的物理核心素养、落实物理课程的育人功能、实现物理课程的育人价值方面发挥重要作用。然而,与此要求及其需求很不适应的是,幼师教育的教材建设却相对滞后,与幼师教育规模、层次的发展速度与趋势很不相称。例如,初中起点五年制高专和高中起点三年制高专的物理教材还没有形成完整的体系,甚至可以说是空白,教学中大量借用中专和本科物理教材,其时代性、先进性和适用性都亟须加强。笔者建议,幼师物理新教材编写应以立德树人为根本,以提升物理核心素养为目标,把握编写原则,在内容选择、内容呈现、辅助资源等方面系统设计、精心组织、突出特色。

(一)编写原则

1. 坚持教材的育人导向

物理教材编写应站在立德树人的高度,挖掘育人资源,突出育人功能,落实幼师物理课程在"物理观念及应用""物理思维与创新""科学实践与技能""科学态度与责任"等方面的要求,从注重知识、技能到注重核心素养转化,有效促进幼师学生物理核心素养的发展。

2. 坚持教材的科学性

物理教材编写无论是内容还是呈现方式皆应遵从科学性原则,不仅应准确反映课程标准要求的物理概念和规律,正确纳入物理实验,还应科学融入研究方法、科学思维、科学态度与责任等内容。

3. 坚持教材的适用性

物理教材编写应遵循幼师生的认知规律，关注生源特点和城乡差异，结合幼师教师的教学特点，使得教材的线索清晰、层次分明、循序渐进、重点突出，既有总体的系统性与科学性，又有一定的灵活性与可读性。

4. 坚持教材的时代性

物理教材编写应及时反映物理学的发展，反映物理学的最新成果及其对社会进步、科技发展的重要作用，反映物理技术的运用及其对生产、生活带来的影响，反映物理学及其应用所具有的相对持久性、普适性、局限性和发展性等特点。例如，为彰显教材的时代性，建议在编写新教材时增加物理学与社会发展内容，可设物理学与人类认识、物理学与社会变革、物理学与公民生活主题；增加物理学与技术应用内容，可设物理学与医疗技术、物理学与新能源、物理学与新材料、物理学与信息技术主题；增加近代物理学初步内容，可设微观世界、高速世界、宏观世界、世界的统一性主题。通过这些主题，介绍中国车、中国路、中国桥、中国港、中国网等超级工程，在彰显教材时代性的同时，体现技术应用、工匠精神、家国情怀等核心素养，培养幼师学生的民族精神：伟大创造精神——辛勤劳作，发明创造；伟大奋斗精神——革故鼎新、自强不息；伟大团结精神——团结一心、同舟共济；伟大梦想精神——心怀梦想、不懈追求。

5. 坚持教材的幼师特性

物理教材编写应遵照课程标准的要求，反映现代幼教理念，引导教师开展游戏化、生活化教学，突出"做中教，做中学"的幼教特点，注重实践性教学活动设计，着重培养幼师生的保教技能和保教素养，根据幼师学生不同需求，选取与儿童相关的素材，注重吸收世界各国幼教物理教材的先进经验。

例如，编写教材时可选取幼师学生生活中的案例。情景：公路积雪对行车有危害，容易发生交通事故。专家研究表明，气温不同，积雪的厚薄不同，对汽车的危害也不一样。当积雪厚度在5~15cm，气温在0℃左右时，汽车最容易发生事故。因为在这种条件下，路面上的冰雪常会呈"夜冻昼化"状态。此时，护路工人常在路面上撒大量的盐，以避免"夜冻昼化"现象出现。在相同气温条件下，融化了的冰雪不再结冰，则可减少交通事故的发生。提出问题：在相同气温条件下，为什么水不再结冰了？猜想与假设：请你用学过的物理知识，针对这一现象的产生原因提出一个合理的猜想，并说出你猜想的理由。猜想：水中杂质越多，水或混合物的凝固点越低。设计实验方案：根据猜想，设计一个实验方案验证猜想的正确性。实验：取三个相同的杯子，盛相同体积的清水、淡盐水、浓盐水，放入冰箱里，每隔5分钟用温度计测一次温度，并观察是否有结冰现象，若结冰，结冰的顺序是否为先清水、后淡盐水、再浓盐水。分析与交流：除了在路面上撒盐外，你还有什么常用的办法，可以减少交通事故，这样做的道理是什么？方法：在车轮上装防滑链。道理：接触面越粗糙，摩擦力越大。通过这个生活中的案例，可以培养学生假设推理、科学论证、质疑创新、实验观察、操作技能、探究设计、合作交流、社会责任等物理学科核心素养。

6. 坚持教材的特色与创新

物理教材编写既要遵照课程标准的要求，在内容的深度与广度方面与课程标准的要求保持一致，又要注重教材的特色与创新，编写出适合幼师教育的具有不同风格、不同特色的教材。同时，还应注意我国各地经济、文化、教育发展不均衡的特点，编写出适应不同地区需要、具有地方特色的教材。

（二）内容选择

1. 围绕落实物理核心素养要求，选择教材内容

物理教材编写应依据物理核心素养的要求选择和组织内容，有效促进幼师学生物理核心素养的养成。如，注重选择与物质、运动、相互作用、能量等相关的内容，帮助幼师学生从物理学视角认

识自然、理解自然,形成物理观念;注重选择与建模、推理、论证、创新等能力培养有关的内容,培养学生的科学思维能力;注重从科学实践的角度选择内容,培养学生的实践操作能力;注重从情感、态度、价值观的角度选择内容,培养学生的科学态度和责任感。

2. 注重内容的基础性,关注全体幼师生的学习需求

物理教材编写应注重内容的基础性,既要注重物理学的核心概念、原理和规律等基本内容,也要注重物理学的研究方法、科学态度等,为幼师学生终身发展打下基础。物理教材的编写应注重全体幼师学生的学习需求,注重对幼师学生物理核心素养的培养,为公民科学素养提升做出贡献。

3. 注重物理内容的选择性,为幼师生的专业发展搭建平台

物理教材编写应注意幼师职业的特点,关注幼师生的学习需求,根据幼师生职业发展要求和升学需求选择内容,为幼师生的职业发展搭建平台、提供空间。

4. 物理内容的深度与广度应符合课程标准要求

物理教材编写应注意课程标准中物理内容的深度与广度,不能随意增减物理内容,也不能随意提高或降低要求。教材中物理内容的呈现顺序不一定按课程标准中的内容顺序编排。编写教材时应根据课程标准开发丰富的课程资源,使课程标准得到更加具体、生动、精彩的呈现。

5. 物理内容选择应反映学科动态,体现时代特点

物理教材编写应注意及时纳入物理学科的最新研究成果,关注物理学的技术应用带来的社会问题等。注意介绍一些科学技术研究的最新进展,开阔幼师学生视野,激发其学习兴趣。及时反映物理技术应用对自然和社会的影响,融入与"科学·技术·社会·环境"相关的内容,倡导绿色环保的生活方式,培养幼师生的科学态度与责任感。

立德树人：知行合一的实践探究

6. 重视科学的发展过程，关注科学探究活动的设计

物理教材编写应关注科学家在科学探索过程中所凝练、升华的科学研究方法和科学思维方式，让幼师学生学习科学家的科学思维、研究方法及科学态度等。科学探究活动应注重探究的真实性和方式的多样化，具体内容应以技能性实验操作为主，有效体现物理实验的育人功能。

（三）内容呈现

1. 内容编排应有利于教与学

教学内容在教材中出现的顺序与方式、每项内容所用的篇幅等，都应体现现代教育思想和教学理念。教材内容的编排可有多种形式，如：以知识内容为线索的呈现形式，强调知识的逻辑、内容的前后衔接；以主题为线索的呈现形式，强调内容的综合；以游戏活动为线索的呈现形式，强调内容与过程的融合。无论采取哪种方式，内容编排皆应有利于教师科学设计教学情境、有效组织教学、创新教学，促进教师改进教学实践。教材的编写应有利于教师采用启发式、探究式、讨论式、参与式、项目式等多种教学方式进行教学，应有利于引导幼师学生主动探究、建构知识、得出结论，为幼师学生提供质疑与探究的机会，并提供学习方法的指导，促进幼师学生物理核心素养的养成。

2. 发挥教材的支架作用

注重发挥教材在教学中的支架作用，促进物理课程育人功能的落实。教材不仅应发挥技术性支架作用，例如，以前言、目录、索引、标志符号、使用说明等突显教材特色，帮助幼教师生了解教材的相关信息，也应发挥教学性支架作用，例如，以小结、词语界定、教学步骤、教学提示、特色栏目等，方便幼教师生的教与学。有些支架既是技术性的，也是教学性的，如附录、前言、大事记、注释、网站和参考书目等，可帮助幼教师生进一步熟悉教材、使用教材，从而以教材为依托走出教材。

3. 注重教材的物理形态

教材的物理形态应有利于幼师生学习，符合幼师生身心健康发展的要求。教材应选择恰当的开本，装帧牢固；教材的版面设计应清爽美观、疏密得当；教材的纸质、纸张颜色、字体等皆应符合国家标准。教材文字要科学、准确、精练，要有较强的可读性，优美得体，适宜幼师生阅读；图片选择应注重科学性与时效性，适当配图有助于幼师生理解课文内容，增加学习兴趣。尤其应注意精选插图，使其与教学目的、教学内容紧密结合。有些框架图，可人工绘制，以帮助幼师生清晰准确地理解相关物理知识；展示生活中或自然中的物理现象时，最好用真实照片，以此让幼师生感受到物理学的神奇，产生学习物理的兴趣。

（四）辅助资源

1. 信息技术应用

教材编写应有效利用信息技术，通过信息技术平台获得丰富的资源（教学案例、评价案例、国际比较成果等），还可通过信息技术平台进行互动交流（在线讨论、讲课评课等）。教材编写应重视数字化资源建设，为教师提供电子教案、演示文稿、教学课件等教学资源，为幼师学生提供练习指导、仿真实验等学习资源，为幼教师生教学提供全面支持。

2. 其他资源的开发与利用

教材编写应重视其他资源的开发与利用，为课程标准的落实、幼师学生物理核心素养的养成提供全方位的服务。教材编写应重视引导教师充分利用社会资源，关注不同地区、不同民族的自然与人文环境，有效利用科技馆、综合类博物馆、图书馆等资源。

第三节 核心素养视野下职教德育育人模式和环境的研究

发展核心素养是落实立德树人根本任务的一项重要举措，也是适应世界教育改革发展趋势、提升我国教育国际竞争力的迫切需要,对于职校学生而言,更是他们能够适应终身发展和社会发展需要的必备品格和关键能力。不断创新德育育人模式是职业教育培养人才的一项主要内容,创设丰富多彩的德育育人环境是提升德育工作成效的重点。

2017年5月—2018年12月,笔者与苏州高等职业技术学校刘江华、余菁、陈丽、陆家浩、沈丽、徐雅晴、刘璟、王云峰、董敏等老师一起开展了2017年苏州教育改革和发展战略性与政策性研究课题"核心素养视野下职教德育育人模式和环境的研究——以苏州高等职业技术学校为例"的研究工作,并顺利结题。

一、研究背景

(一)政策背景

第一,2004年,中共中央、国务院印发了《关于进一步加强和改进未成年人思想道德建设的若干意见》(中发〔2004〕8号文件)、《关于进一步加强和改进大学生思想政治教育的意见》(中发〔2004〕16号文件),为加强和改进大学生思想政治教育做出重要决策。这是全面实施科教兴国和人才强国战略的需要,是确保我国在激烈的国际竞争中始终立于不败之地的需要,是实现全面建设小康社会,加快推进社会主义现代化的宏伟目标的需要,是保证中国特色社会主义兴旺发达、后继有人的需要。

第二,为落实十八大和十八届三中全会提出的关于立德树人的要求,2014年教育部印发了《关于全面深化课程改革 落实立德树人根本任务的意见》,指出"教育部将组织研究提出各学段学生发展核心素养体系,明确学生应具备的适应终身发展和社会发展需要的必备品格和关键能力"。

第三,2016年9月国家发布了《中国学生发展核心素养》总框架,此框架将核心素养综合表现为六大素养:人物底蕴、科学精神、学会学习、健康生活、责任担当、实践创新。学生发展核心素养，主要指学生应具备的，能够适应终身发展需要和社会发展需要的必备品格和关键能力。研究学生发展核心素养是落实立德树人根本任务的一项重要举措，也是适应世界教育改革发展趋势、提升我国教育国际竞争力的迫切需要。

（二）现实背景

目前我国的经济增长模式正在由要素驱动向创新驱动转换，技术进步和产业转型升级使一线劳动者内涵发生深刻变化，要求我国职业教育的人才培养向中高端发展，提升面向一、二、三产业的人才培养能力。职业学校的培养目标已经不能只局限于传授一技之长，更要注重学生核心素养的培养，为学生的全面发展夯实基础。因此为实现这一目标，作为载体的德育教育被提到了新高度。

我们的学生大多数是独生子女，成长在改革开放和我国经济高速发展的时期，一方面，他们享受着父母的关爱、时代的娇宠，拥有前所未有的物质条件；另一方面，他们面对比过去更为复杂多变的社会环境，需要应对各种不同于以往的新问题、新挑战，学校的调查发现学生心理问题的检出率年年升高，苏州高等职业技术学校16级新生中有一定心理问题的占比达23.92%。我们德育工作者必须与时俱进，认真研究这些新情况、新问题、新趋势，积极采取应对之策，寻找现代职校德育与传统德育的共性与差异性，构建德育新模式，针对性开展德育工作，切实取得德育实效，从而实现职校德育工作的目标与任务。

二、研究的核心概念

核心素养：2014年教育部印发《关于全面深化课程改革 落实立德树人根本任务的意见》，提出"教育部将组织研究提出各学段学生发展核心素养体系，明确学生应具备的适应终身发展和社会发展需要的必备品格和关键能力"。学生发展核心素养，主要指学生应具备的，能够适应终身发展需要和社会发展需要的必备品格和关键能力。研究学生发展核心素养是落实立德树人根本任务的一项重要举措，也是适应世界教育改革发展趋势、提升我国教育国际竞争力的迫切需要。

德育育人模式：德育育人模式是学校进行德育教育的系列方法论，是指通过系统的规划，精心的实施，以达到一定培育目标的范式。德育育人模式即通过有计划、有步骤的过程培育，深入开展德育工作，促进学生全面发展，使之更好地为社会经济发展服务，同时促成学校特色建设的育人范式。

德育育人环境：本研究中的德育工作环境是指社会环境、家庭环境和校园环境，环境对于一个人的发展影响十分大。正如《荀子·劝学》中所说"蓬生麻中，不扶而直，白沙在涅，与之俱黑"，德育活动可以将社会、家庭的环境都纳入育人的主阵地中来，以形成更加良好的德育环境，发挥环境育人的特殊效果，提升德育工作的成效。

三、研究目标

一是通过问卷调查的方式了解职校学生、家长、老师关注的核心素养，从而有针对性地对职业学校学生进行相关核心素养的重点培育。

二是通过对中外核心素养视野下职教德育育人模式和环境的比较研究，更好地认识中外核心素养培育的情况。

三是通过研究构建职教德育育人新模式。

四是以学校"彩虹德育"品牌的建设为契机，研究如何营造职教德育育人新环境。

五是以学校为研究土壤，检验学校创设的职教德育育人新模式和新环境的实效性。

四、研究内容

一是核心素养视野下职教德育育人模式和环境现状的调查研究。

二是中外核心素养视野下职教德育育人模式和环境的比较研究。

三是核心素养视野下构建职教德育育人模式的研究。

四是核心素养视野下营造职教德育育人环境的研究。

五是核心素养视野下职教德育育人模式和环境的实效性研究。

五、研究方法

文献研究法：通过对文献的收集、整理、分析，归纳国内职业教育院校对于学生核心素养的培养的典型做法，梳理出与课题研究契合度较高的经验举措。

调查研究法：通过考察了解目前职教德育模式中已经做得非常成熟的培养高职学生核心素养的模式与途径，并结合自身学校的特色和有利资源，进行分析和研究。

行动研究法：在自然、真实的教育环境中，综合运用多种研究方法与技术，通过对职业学校德育育人环境的分析，研究培养学生的核心素养，尤其是培养与职业学校学生密切相关的健康生活、责任担当、实践创新这三大核心素养为首要目标的德育育人模式。

比较研究法：比较研究是教育研究的一种重要方法，通过对中外核心素养视野下职教德育育人模式和环境的比较研究，我们能更好地认识中外的核心素养培育的状况，并获得新的发现，为教育政策的制定提供依据。

六、研究成果

第一，调查问卷："苏州高等职业技术学校德育育人模式和环境的现状调查"调查问卷。

第二，调研报告：《核心素养视野下职教德育育人模式和环境现状的调查研究——以苏州高等职业技术学校为例》。

第三，研究报告：《核心素养视野下职教德育育人模式和环境的研究——以苏州高等职业技术学校为例的研究报告》《中外核心素养视野下职教德育育人模式和环境的比较研究结题报告》《核心素养视野下构建职教德育育人模式的研究——以苏州高等职业技术学校为例的结题报告》《核心素养视野下营造职教德育育人环境的研究——以苏州高等职业技术学校为例的结题报告》。

第四，书籍出版：《苏州职校家校合作育人100问》，由苏州大学出版社出版，主编为陶华山，副主编为刘江华等人；编辑为陆家浩、王云峰等人，近百所学校征订，数万人阅读。

第五，论文发表及获奖：《坚持名师引领，丰富管理内涵，服务师生成长》发表于《生活教育》（2017.8），作者为陶华山、刘江华；《政校企联动，德知技并重》发表于《江苏教育》（2018.8），作者为陶华山；《江苏省苏州高等职业技术学校陶华山德育管理名师工作室》发表于《教育家》（2017.3），作者为陶华山、刘江华；《网络心理辅导在高职学校的研究与应用初探》发表于《科学大众（科学教育）》（2017.11），并获得2017教育学会论文评比二等奖；《职业学校朋辈心理辅导德育育人模式探索与实践》发表于《新校园》（2018.4），并获得2018年苏州职业教育科研论文评选一等奖，作者为陆家浩、沈丽；《朋辈辅导在职校生管理中的应用与探索》发表于《教师教育》（2018.11），作者为陆家浩。

第六，德育育人制度：根据学校特色与学生情况建立自己的德育品牌"彩虹德育","彩虹德育"注重制度育人。在学习"三风一训"基础上，修订《德育学分制实施方案》《德育学分补修与考核制度》《学生一日常规》《学生礼仪规范》《"校园之星"评比规定》《宿舍"十禁"制度》等特色管理制度，让管理有章可循，让学生有规可遵。同时修订《苏州高等职业技术学校学生手册》，出台《班主任手册》《班主任"十到位"》《班主任"八规范"管理规定》等考核细则。《中自习管理制度》《晚自习管理制度》《苏州高等职业技术学校学生手机管理制度》《苏高职学生文明素养养成方案》。

第七，名师工作室：德育育人和管理名师工作室建设，创新德育管理模式。以"陶华山德育管理名师工作室"为载体，主动对接江苏省和苏州市教育改革发展纲要精神，以室训"乐育英才"为引领，发挥工作室"共同体、孵化地、辐射场"的功能。成员沈丽，获苏州市中小学"班主任名师工作室"领衔人称号。

第八，相关延伸课题研究：2017年江苏省职业技术教育学会课题"苏州市职业学校社团建设创新研究"（已结题）；2017年苏州职教学会德育特色课题"传承地方名人文化打造五年制高职校特色德育活动的实践研究——以苏州高等职业技术学校为例"；2017年苏州职业技术教育学会德育特色课题"朋辈心理辅导在五年制高职学生思想政治工作中的应用探索"；苏州市十三五规划课题"基于'教是为了不教'的职业教育心理健康课程内容的立体化设计与实践研究"。

第九，德育育人模式和环境、德育育人方案及活动集：《苏州高等职业技术学校文明素养培育》《苏州高等职业技术学校心理健康教育育人》《苏州高等职业技术学校校园文化育人》《苏州高等职业技术学校家校合作育人》《苏州高等职业技术学校校企合作育人》《苏州高等职业技术学校社团及志愿者活动育人》《苏州高等职业技术学校职业生涯规划育人》。

第十，特色的德育育人活动。"红色教育超市"：为深入贯彻落实科学发展观，强化青年学生的思想政治工作，树立共产主义远大理想，苏州分院在校内开设了"红色教育超市"。"红色教育超市"围绕理想信念、爱国主义教育、社会主义思想教育、爱党爱团教育等方面设计项目，采用项目化运作的模式，通过系列主题教育活动，达成教育青年、团结青年、服务青年、增强意识、健全组织、活跃工作、协调发展、拓宽视野这八大任务目标。苏州分院"红色教育超市"复制现代大型超市经营理念，利用网络云课堂，线上线下两手抓，不仅开设实体"超市"，更建立建设"红色教育超市"影片库、歌曲库、图片库、书籍库、纪录片库等红色网络资源，以供青年学生随时随地、高效便捷、与时俱进地接受"红色教育"，提高思想政治水平。

"我给班主任画张像"：为了让全社会形成"崇尚一技之长，不唯学历凭能力"的良好氛围，2015年国务院批准设立"职业教育活动周"。学校德育工作为贯彻落实教育部、省厅、苏州市教育局有关职业教育活动周的精神，特别开展了"我为班主任画张像"活动。"立德树人，德育为先"，而在德育工作的日常开展过程中，班主任始终在德育工作的最前线。班主任工作多、责任重，与学生的接触最为频繁。"我为班主任画张像"活动，给学生以主动权来评价班主任，能更真实地反映出班主任的班级团队建设和班务工作的实施情况，同时也展示了各班主任的带班理念、带班方法和带班成果。此次活动，不但拉近了班主任和学生之间的距离，提升了班主任的成就感和幸福感，也是将班主任的先进工作理念、工作方法做了分享，为学校德育团队建设献计献策，更是对"职业教育活动周"所宣扬的"不唯学历凭能力"的直接表达。

"班主任节"主题活动："国无德不兴，人无德不立"，党的十九大指出"立德树人"是学校教育的根本任务，而班主任是学校教育教学的中坚力量，是学生健康成长的引领者，肩负着家长的希望和学校的重托。学校于2017年3—5月举行"首届班主任节"。"首届班主任节"以"幸福、专业、魅力"为主题，开展了"感恩班主任活动""班主任风采展示""主题班会观摩""校班主任基本功选拔赛""班主任军事拓展体验"等一系列活动，旨在展示班主任工作风采，推进班主任队伍建设，营造尊重、理解、热爱、感恩班主任的和谐气氛，提升班主任的职业幸福指数，锻造苏州分院班主任团队的专业能力，以培养建设拥有优良素质、美丽人格的高素质技能型人才，为学生走向成功架起宽而坚实的美丽桥梁。

《论语》品读进校园：《论语》是儒家的一部重要典籍，无论是从思想价值还是从艺术魅力来看，都是当代青少年不可不读的国学经典之一。苏州分院以品读《论语》为抓手，打开德育之门，推广中华优秀传统文化，让传统文化走进校园，浸润学生的心灵，展现独特魅力、实现文化的自觉自信。学校引导学生利用假期时间，深入研读《论语》，撰写读后感和读书笔记，在期初召开品读《论语》班会课，并利用每日晨读时间，组织学生轮流解读一则《论语》。活动实现了师生的角色互换，一方面有利于学生对《论语》的自我观点的表达，另一方面，学生也能体会老师的心态和情绪，学会换位思考，学会尊重他人、理解他人、宽容他人、欣赏他人，建立良好的人际关系。

"阅读江南，纸伞彩绘"活动：学校以提升学校文化内涵为根本，以建设特色文化项目为重点，以促进学生成长成才为出发点与落脚点，积极践行社会主义核心价值观，为丰富学生的课余文化生活，营造校园文化艺术氛围，开展了"阅读江南，纸伞彩绘"活动。此次活动以弘扬传统文化为目的，着重体现江南风情特色，学生用一支画笔，几管颜料，在油纸伞上打底、上色。他们用点点彩墨绘出了小桥流水，用条条细线勾勒出了粉墙黛瓦，用一幅幅作品诠释他们记忆中的美好江南。"阅读江南"是将文字内容内化为自我理解，"纸伞彩绘"又将自我理解外化为具象表达。这是一个由外而内，又由内而外的过程。学生在活动中感知，在感知中体会，在体会中理解，在理解中畅想，在点滴中传承文化。

第十一，荣誉及获奖：学校获评苏州市优秀家长学校（2017年）、江苏省文明风采大赛优秀组织奖（2018年）；陶华山老师与其团队共同取得的教学成果获 2017 年江苏省教学成果奖（职业教育类）一等奖；陶华山主持的教学成果"'彩虹德育'践行立德树人的实践与创新"获 2018 年苏州市教学成果奖（职业教育类）；刘江华老师被评为苏州市中小学家庭教育课程项目实施先进个人（2017.12）。

七、研究结论

（一）研究发展学生核心素养是落实立德树人根本任务的一项重要举措

2014 年教育部研制印发的《关于全面深化课程改革 落实立德树人根本任务的意见》提出"教育部将组织研究提出各学段学生发展核心素养体系，明确学生应具备的适应终身发展和社会发展需要的必备品格和关键能力"。学生发展核心素养，主要指学生应具备的，能够适应终身发展和社会发展需要的必备品格和关键能力。研究学生发展核心素养是落实立德树人根本任务的一项重要举措，也是适应世界教育改革发展趋势、提升我国教育国际竞争力的迫切需要。

（二）德育育人模式的不断创新与尝试是职业教育培养人才的一项主要内容

德育育人模式是学校进行德育教育的系列方法论，是指通过系统的规划，精心的实施，以达到一定培育目标的范式。德育育人模式即通过有计划、有步骤的过程培育，深入开展德育工作，促进学生全面发展，更好地为社会经济发展服务，同时促成学校特色建设的育人范式。我们运用科学管理的理论发展学校，生成彰显学校办学特色的自主德育品牌——"彩虹德育"，以德育管理理念为引领，实现资源配置优化，管理模式、内容、方法、手段的创新，积极引导学生在自我管理中成长，该品牌已成为师生共同成长的有效载体，是实现"加快教育现代化，办好人民满意的教育"目标顺利实现的基础保障。

（三）活动育人，创设丰富多彩的德育育人环境是提升德育工作成效的重点

本课题研究中的德育工作环境是指社会环境、家庭环境和校园环境，环境对于一个人的发展影响十分大。正如《荀子·劝学》中所说的，"蓬生麻中，不扶而直，白沙在涅，与之俱黑"。学校建立的自主德育品牌"彩虹德育"中的彩虹七色恰如学校七个系部弘扬"七色精神"，即：红——正面思考、科学精神；橙——胸怀梦想、全面发展；黄——坚信成功、学会学习；绿——培养良习、健康生活；蓝——掌握技能、实践创新；靛——决不放弃、责任担当；紫——学会感恩、人文底蕴。为了使得"彩虹德育"品牌在学生的心目中有具体的形象和现实的可操作性，学校开展"三月·黄""四月·靛""五月·蓝""九月·绿""十月·红""十一月·紫""十二月·橙"等七色月活动，做到"月月有主题、周周有活动、天天有内容，精彩不断线"。通过德育活动的开展，可以将从学校到社会，从社会到家庭的环境都纳入育人的主阵地中来，以形成更加良好的德育环境，发挥环境育人的特殊效果，提升德育工作的成效。

八、研究反思

（一）家校育人模式的形式较单一

家校合作育人是很好的育人模式，但会受到家长等的限制，形式上相对单一，但这同时也给我们带来了挑战，思考以更多更有效的形式，提升育人的效果。

（二）校园文化环境育人须深入

校园文化环境育人，有"润物细无声"的良好作用，但在具体实施中，经常落实不够到位，存在一定的客观条件限制，需要通过进一步的实践及深入研究，提升真正的育人实效性。

（三）志愿者及公益活动的德育育人模式须提升

目前学校公益及志愿者服务主要是学生的爱心服务，志愿者团队缺少家长、企业的共同参与；服务形式及范围主要在爱心服务类（助残、助弱、扶贫等），服务类型相对比较单一，这在一定程度上影响了学生参与公益活动的兴趣。在今后的实践及研究中，一方面要拓宽公益活动参与主体；一方面要丰富公益服务活动形式。

（四）全员育人理念的实施待落实

全员育人理念，提倡校内、家校、社会三者有机结合，三位一体育人，但在实际的育人过程中，以校内而言，更多的德育育人实施者是德育工作者和班主任，而家庭、社会、企业的育人实践都有待落实和真正提升。

九、政策建议

一是建立校企合作育人制度，并对育人积极有成效的企业予以奖励。为了鼓励校企合作育人的积极性，建议制定校企合作育人相关制度；同时对积极参与德育育人的企业给予奖励或鼓励，形式可以多样，可以是物质奖励与会议表彰等相结合，以一定的表彰形式引导企业真正参与到德育育人过程中，提升校企合作育人的效率。

二是建议制定职业学校社团建设规范方案，提供经费和场地保障。职业学校社团活动在德育主题活动育人方面效果明显，但学校的社团活动开展受各类地方条件的限制，建议出台更切实可行的社团管理政策，包括经费、场地、指导老师准入制度等，更进一步提升社团活动育人的效果。

第四节 德育学分制在实施中须正确处理的几种关系

随着时代的发展，德育内容和德育形式也必须与之相适应。使德育发挥育人功效，使学校培养更多的合格人才，是五年制高职教育教学改革的首要任务。学校德育学分制的实施,是德育工作改革与创新的一次探索,它必将经过实践的检验,最终在实践中运用,在实践中充实,在实践中规范。

德育是教育者根据一定的社会要求和受教育者思想品德形成的规律,有目的、有计划地对他们的身心施加影响,以培养教育者所期望的思想品德的活动。德育学分制是一种新的德育管理制度,它根据德育要求和学生的实际特点,将德育的内容和环节学分化,将德育的过程和结果成绩化,把德育的理论教学和实践教学结合在一起,把学生在理论学习、实践活动、行为规范和创新精神等方面的表现全部纳入德育学分制的评价体系之中。近年来,笔者一方面积极整理在学生管理工作实践中积累的素材、案例、经验,查阅优秀论文集,如《学校德育论文选集》等中有关德育学分制研究的相关论文、高校德育学分制实行方案与经验总结,作为本课题研究的重要参考;另一方面通过积极查阅网络文献、报刊等资料,把《关于进一步加强和改进未成年人思想道德建设的若干意见》《江苏省职业学校德育纲要》《中学生日常行为规范》等文件以及中央领导、教育专家关于教育改革创新的重要论述作为本课题研究的理论依据。以此实现"在德育教育与管理过程中对落实、细化、完善学校德育学分管理制度进行深入的探索,使之更加科学、规范,切实可行,真正为学生提供一个自我发展和自我教育的平台,推进学生素质的全面提高"。

结合五年制高职教育的德育要求,通过调研、梳理学校德育学分制实施的现状,参考相关文献,结合笔者个人的理论思考,查找德育学分制在具体施行和操作中的问题和弊端,分析在德育学分制实施过程中需要正确处理的几个关系,形成比较切合五年制高职学生实际的德育学分评价体系,提高学校德育的主动性、针对性、实效性。

一、处理好定性与定量的关系

德育学分到底要对五年制高职学生形成一种怎样调节与制约机制呢？要处理好定性与定量的关系应坚持定性与定量相结合原则。实施五年制高职学生德育学分制必须与学生的奖惩措施挂钩，必须充分考虑用人单位对学生的素质要求，必须为学生的可持续发展奠基。笔者建议：坚持"三个必须"，发挥德育学分的导向、激励、鉴定、诊断和调节等积极作用，同时，根据一至五年级各个年级、各个专业学生的不同特点提出不同的要求，例如，在低年级重点考核学生遵守各种校规校纪的情况，并评估其参与活动的积极性；在高年级重点考核学生的综合能力。

二、处理好奖与惩的关系

学生身上同时存在着积极与消极、先进与落后等矛盾的因素，因此在德育学分的实施过程中要处理好奖与罚的关系。在具体实施中，必须明确指出五年制高职学生身上存在的优点与不足，肯定其积极因素和先进成分，通过肯定性评价，引导学生，在全体学生中起到导向的作用。德育学分的建立其实质就是建立可量化的标准，根据学生日常表现，对照加分扣分项目，好者加分，差者减分，以此评估学生在德育学分内容规定范围内的实际表现。由于德育学分直接作为学校评选奖学金、三好学生、优秀班干部的重要依据，德育学分与学生是否能取得毕业证书，是否能获得国家奖学金、国家励志奖学金等直接挂钩，因此要坚持奖惩分明的原则，要坚持客观公正的原则。在前期的调研中，笔者曾注意到，有学生的德育学分从新学期第二周起开始便低于 60 分的基础分，之后每周的德育学分都是负增长，找其谈话，他说"反正不会及格了，我从来就没及格过"。个人认为，该生的德育学分之所以不及格肯定有其自身的原因，如不符合要求被扣分等，然而，该生的态度反映出我们在德育学分制实施过程中运用奖罚手段的策略与技巧有欠妥之处，扣分的目的是提醒学生注意存在的不足和缺点，不应该"扣减"学生向上、向善的信心，德育学分只是教育学生的手段，是发现问题、帮助学生改进提高的起点，不应该成为工作的终点，应慎用罚，多鼓励。

三、处理好主体和主导的关系

我们知道，传统德育片面强调受教育者对社会的责任，注重受教育者的绝对服从，施教者对受教育者居高临下，轻视了学生主观能动性、创造性的培养。"以人为本"的德育观要求在德育学分制的实施中，使学生在接受教育的同时，自觉地用德育内容去衡量自己，规范自己，约束自己，通过量化操评、定量选择，充分发挥受教育者的主体地位，充分发挥大学生的自觉适应性和主观能动性。只有不断提高学生执行德育学分制的自觉性和主动性，德育学分制才能起到事半功倍的效果。在具体设计和操作德育学分时，应把设计、实施的过程与对学生进行动员两项工作结合起来；把试点和讨论看作提高学生对德育学分制认识的一个重要环节；把班级、学生会组织开展的德育学分制学习活动与教师的主导的德育工作结合起来。在前期的调研过程中，唐国平、张艳、许小娟等班主任积极听取学生的意见和建议，开展德育学分制不及格学生申诉等创新活动。由于有了学生的参与，形成了以学生为主体、以教师为主导的模式，学校的德育学分制在实施过程中比较贴近学生的实际学习生活，具体实施与操作过程进展也较为顺利。

四、处理好共性与个性的关系

德育学分从整体上对五年制高职生进行了德、智、体等综合素质的测评，促进学生在思想、政治和品德方面健康成长，规定了学生在品德方面要达到的要求。德育学分中的考核细则，强调的是一些基本的共性的道德规范，也是对一个合格学生的起码要求，也充分考虑了学生个性化发展的需求。

　　学生的个体差异决定了德育工作必须注重差异性，推行有利于学生个性健康发展的教育。在前期的德育学分调研中，我们注意到学校从"校园之星"系列评比活动、"校园文化艺术节"、社团活动、"文明风采"、技能大赛、"三创活动"、志愿者服务等方面，鼓励学生全面参与学校活动，使学生发挥个性特长，培养学生自主发展的意识。同时，针对年级、学生特点，艺术设计系开展了"金秋季、星火节"活动，为学生搭建了一个集德育、智育、技能、素质、发展为一体的平台；服装工程系开展了首届"德技双馨"活动，培养学生娴熟的职业技能和良好的职业素养；经济贸易系开展了"学业生涯规划"主题活动，引导学生正确认识自我，合理规划学业，畅想未来；机电工程系创立了《机电德育》双月期刊，搭建起学生和班主任心灵沟通的桥梁；信息工程系探索开展了主题班会班主任集体备课制度；电子工程系采取企业管理模式，开展了勤工俭学活动，缓解了贫困生的经济压力，同时使他们通过社会工作成为经济上的独立者、精神上的自强者、生活上的体验者。通过参加了各项活动，五年制高职生在展示自我的同时，也深深感受到德育学分能够发挥每一位学生的个性特长，并给他们带来了荣誉。

　　笔者认为，德育学分制的管理理念是以提高德育的针对性和有效性为目标，将认知教育和实践体验相结合，榜样示范与环境熏陶相统一，引导学生在个性发展中了解、体验、感悟，提高学生的综合素质。如果强调个性意味着要和社会道德唱反调、要损害学校和他人的利益，那么展示这样的"个性"就会受到制裁；如果强调个性意味着考试作弊、打架斗狠，那么展示这样的"个性"就会受到校规校纪的约束；如果强调个性意味着怨天尤人、自甘堕落，那么展示这样的"个性"就会遭到社会的淘汰。学校实施德育学分制，只是把隐性的道德规范变成了显性的条款，让问题的长期效应在短期内有所反应。

五、处理好"质"与"量"的关系

德育学分制的"质"与"量"是一对矛盾，处理这一对矛盾，不仅事关德育学分制自身的发展完善，也在很大程度上影响其实施效果。学分制以学分这一"量化指标"为单位计算评价学生政治、思想素质、道德素质、实践能力在内的综合素质。学生所获德育学分达到规定的最低要求，是学生获得毕业证书及评优的前提条件和重要依据，但是学生在德育学分实践中参与的"质"，却较难考量。我们很高兴地看到从学校层面的中午义务劳动加学分、服务体育会考班级整体加分到班级的好人好事加学分等，给予了部分学生补够德育学分的机会，激发了学生参与的积极性和活动的有效性，提高了学分的"质"。在前期调研中，一位学生悄悄告诉笔者，他为了德育学分及格，曾经"捡"到自己的五元钱。他的做法固然是不正确的，却也提醒我们应在现有制度的基础上多多设立奖励德育学分的项目，给学生补学分的机会。由于德育学分的评定难以像课程分数评定那么整齐划一，在实际操作过程中会碰到预想不到的情况，所以对方案和评价的设计要尽量周全，使之具有可操作性。

六、处理好理论构建与实践操作的关系

德育学分制作为一种评价体系，其理论构建是否合理、评价标准是否科学，在实践操作中是否准确、有效，这都将影响其生命的长短。目前我们国家有对德育工作的细化考核标准，但具体到学生个人德育和学分制的结合，还没有明晰的规定。应该说，学校的德育学分制不仅是一种有益的探索与实践，更是对高职校德育工作的创新与补充。

德育具有自己的理论体系，同时也具有实践性。德育理论给学生更多的是认识，要变成品德还有待实践的证实、升华和内化。因此，德育既不可忽视实践教育，也不能将理论构建与实践操作分割开来，而应将它们视为一个整体、一个系统加以组织和设计。通过前期的调研，笔者认为现在的德育学分理论构建更多的是行为规范的项目，涵盖的广度、涉及的深度及引领的力度还有待研究。学校的德育学分工作，应更加注重理论构建和实践操作两个方面，理论构建、实践操作方面可分必修项目和选修项目两大板块，涵盖思想政治、行为规范、社会实践和创新创业创优四个系列，依据五年制高职学生成长规律和新时期的德育要求，分系科、分专业、分年级、分专题地精心组织，在有可能的情况下进行德育学分的理论教学，分层次递进，逐步深入。例如，低年级教学专题可有五年制高职生涯规划和生活特点，行为规范与校纪校规，学习方略，世界观、人生观、价值观和社会公德，心理健康，法律常识，科学的形势观与形势政策报告，社会调查技术等；高年级教学专题可有人际关系与交往，求职与择业，恋爱与家庭，科研与创造，科学、人文精神，职业道德，心理发展，法律基础，科学的政策观与形势政策报告，角色转换与社会适应等。总之，以邓小平理论、"三个代表"、科学发展观和习近平新时代中国特色社会主义思想为指导，以五年制高职学生的人生、学习、生活、交往、毕业、就业为基本线索，从思想、政治、道德、法律、纪律、心理等层面，对学生进行理论与实践相结合的人格发展教育。

七、处理好固本培元和与时俱进的关系

我们知道，德育学分制的针对性、实效性要求我们不能只讲理论，要深入学生当中，了解学生的思想实际和生活实际，把握学生的思想脉搏，适时地参与学生休闲活动，参与学生社团活动和线上活动，要在固本培元基础上与时俱进地开展德育学分制教育引导

工作。

今天的时代是科技化、信息化、网络化、大众化的时代,计算机网络、信息化管理是学校推行德育学分制的内部条件,德育学分制下的德育也离不开这些条件。多媒体教育对五年制高职学生而言,增加了德育学分制教育的魅力和亲和力;网上德育学分制阵地也是全方位德育的应有内容。从此种意义上讲,德育学分制教育引导工作面临着新形势、新挑战,也要与时俱进,处理好德育学分功能的有限性与无限性、德育学分内容的基础性与目标性、德育学分实施方法的显性与隐性、德育学分实施过程的主体性与互动性、德育学分管理的骨干性与全员性这五大关系,才能更加符合时代的要求,取得实效。学校实行德育学分要处理好固本培元与与时俱进的关系,德育学分要与现在的学习制度相适应,要与五年制高职学籍管理相协调,要与当前实施的学业学分相承接,建立具有弹性的、动态的"学分银行"。这种"学分银行"积攒的是学生的成果,记录的是学生成长进步的痕迹,引领的是为学生可持续发展的综合素质。

八、处理好学校与家庭的关系

德育的科学性、系统性要求德育学分要通过建立以班主任为骨干、以德育工作者为主体、以家庭自主参与为依托的德育工作队伍来组织实施,整合德育资源,处理好学校与家庭的关系,两者相互影响,相互渗透,相互融合。同时,笔者通过"德育学分问卷"调查得知,学校应该促进家庭了解、参与德育学分制的实施,并进行宣传,提供相关服务,从而把德育学分制涉及的方方面面,如各个部门、相关人员,有机地组织起来,协调配合使之形成合力,以实现德育学分管理系统的最优化。

教育的过程是受教育者个体思想政治品德的社会化和社会思想政治品德个体化的过程。德育是教育者根据一定的社会要求和受教育者思想品德形成的规律，有目的、有计划地对他们的身心施加影响，按教育者的期望培养受教育者的思想品德的活动。现在我们所实施的德育学分制是一种新的德育管理制度，它根据德育要求和五年制高职学生生活的阶段特点，将德育的内容和环节学分化，将德育的过程和结果成绩化，把学生在思想品德、行为规范、实践活动和创新精神等方面的表现全部纳入德育学分制的评价体系之中。

由于从价值形态上看，德育有两大维度，即工具价值和终极关怀。工具价值，侧重的是德育的客观效果，它促进个人和社会发展并为个人和社会服务；终极关怀是德育的形而上命题，正如康德所孜孜以求的"灿烂星空在我上空，道德律令在我心中"，它的最大价值是赋予人生以终极意义，终极意义给人以价值方向和精神寄托。因此，道德化裁量标准在操作意义上具有相当的模糊性和校准的多元性，这是很难用德育学分来计算的。如果仅仅用德育学分来代替终极关怀，必然导致道德的实用主义和庸俗化。从这个意义上说，我们不能过分放大德育学分的作用，不要过分拔高德育学分的地位。从学校的情况来看，德育学分制实施初期通常是比较有效的，新生事物及量化扣分对学生也起到了一定的规范和引导作用。不过，随着五年制高职学生对制度的熟悉，钻空子、麻木不仁等现象降低了德育学分制的有效性，德育学分的研究还需要我们在实践中拿出智慧，在掌握原则的基础上不断地探索、不断地完善。

第六章 心理健康

第一节 中职新生心理筛查与干预策略的实践与研究

随着国家对职业教育越来越重视，职业学校也越来越受家长及学生的欢迎。但是中职学生，特别是新生在内外因素的影响下容易出现心理问题和障碍。新形势下，《中等职业学校德育大纲（2014年修订）》把心理健康教育列为中职学校德育工作的六大内容之一。2016年8月习近平总书记在全国卫生与健康大会上的讲话，提出要加强心理健康问题基础性研究，做好心理健康知识和心理疾病科普工作，规范发展心理治疗、心理咨询等心理健康服务。因此了解入学新生心理状态，让新生掌握面对心理问题的方法，提高他们的心理健康水平成为中职学校教育的重中之重。苏州高等职业技术学校开展了全面的新生心理筛查工作，并且依据筛查结果尝试开展心理干预，促使新生摆脱心理困扰，及时适应新的学习、生活环境。

2015年9月—2017年11月，笔者与苏州高等职业技术学校陆家浩、周永强、李树森、魏佳佳等老师一起开展了中国职业技术教育学会德育工作委员会德育专项课题"中职新生心理筛查与干预策略的实践与研究——以苏州高等职业技术学校为例"研究，并顺利结题。

一、研究对象与方法

（一）研究对象

本次调查研究以苏州高等职业技术学校 2015 级中职新生为对象，共 1 122 人，其中男生 635 人，女生 487 人；共分为 32 个班。

（二）研究方法

文献资料法：通过广泛收集国内外相关文献资料，形成课题研究的理论基础。

调查研究法：本次研究以 2015 级新生为对象，启动了新生心理筛查工作。新生心理筛查采用心海心理测试软件，以班级为单位在机房进行统一的网上测试。新生心理筛查分二次进行：新生入学 2 周后为第一次，主要完成新生填写的个人资料、90 项症状清单（SCL-90）和父母养育方式评价量表（EMBU）。新生入学后第二学期初为第二次，完成大学生人格问卷（UPI）和卡特尔 16 种人格因素问卷（16PF）。

案例研究法：一是建立新生心理档案。通过新生问卷调查，一方面可以了解新生的心理状况，及时制定干预策略；另一方面，通过新生填写的个人资料、心理问卷测试、筛查后的心理访谈和访谈中的沙盘游戏、画树测验等方式，完善新生信息资料，建立新生心理档案。二是个案研究。以典型新生为具体研究对象，通过对其直接或间接的调查，来了解其心理状态与特点，并在此基础上设计与施行一些积极的教育措施，来促进其心理健康发展，然后总结归纳力求找到对新生心理教育切实有效的方式方法。三是班级案例研究。以班级为具体研究对象，通过目标引领、构建符合自身特色的班级文化及家校沟通的良性互动模式等，从多个方面以多种方式来寻找班级团队心理教育的有效方式。

经验总结法：经过一年全方位干预，再总结整理出科学有效的新生心理干预手段，突破传统的心理教育的模式，建立全方位的三级心理干预模式。

统计处理：学校采用了职教版的心海心理测试软件，所有统计数据都由心海心理测试软件完成。

二、研究内容与结论

本研究共分五个子课题，分别由学校五位老师负责，具体成果如下（表6-1）：

表6-1 德育专项课题子课题

子课题名称	研究成果	负责人
中职新生心理筛查必要性的研究	调研报告一份论文2篇	陆家浩
中职新生心理筛查内容与方法的研究	论文1篇、心理干预预案1份	周永强
中职新生班级心理干预效果的研究	论文1篇、心理微电影1部	李树森
新生家庭系统心理干预的实践与研究	论文2篇	魏佳佳
新生心理筛查与干预策略研究	论文2篇、新生手册1份	陶华山

经过一年时间的调查研究，我们对于学校中职新生的心理健康情况得出如下结论：

（一）学校新生的总体心理状态尚可，干预后心理健康水平有明显提高

学校的2次心理筛查，用SCL-90和UPI问卷了解新生心理状态。以新生入学2周后第一次筛查的SCL-90为主，新生入学后第二学期初第二次筛查中UPI问卷，了解前一次心理筛查后心理干预的效果，及时调整干预策略。一年之后再用SCL-90问卷检验心理干预的效果。

1. SCL-90问卷结果分析

根据SCL-90的筛查标准，任一因子的得分大于等于2.5分即被界定为异常，因子得分在3分及以上者可能有比较严重的心理问题。以此为标准，总体检出可能有比较严重心理问题的有128人，

占比达 12.34%。2015 级新生中有轻度心理不适的共计 146 人，在新生之中占比 23.92%。有中度以上心理困扰的学生共计 113 人，在新生之中占比 10.89%。可能有严重心理障碍的共计 15 人，在新生之中占比 1.45%。此外，课题组还把 SCL-90 的第 15 题得分在 3 分及以上者筛查为有自杀倾向的学生，共计 57 人，在新生之中占比为 5.49%，在第一时间对他们进行访谈，根据他们的情况及时进行心理干预。

经过一年的研究和多种方式的心理干预，学校在 2016 年新学期之初对 2016 级新生筛查时再次用 SCL-90 问卷测试了 2015 级学生的心理状态，将结果与之前作比较（表 6-2、表 6-3），各因子得分中人际关系敏感、焦虑、敌对和恐怖因子都有明显下降，并且有严重心理问题的人数大幅下降。说明总体心理干预措施起到了一定的效果。

表 6-2　2015 级新生干预前后 2 次心理筛查情况

任一因子分	>=2.5	>=3	>=3.5	>=4	>=4.5
15 年检出人数	276	128	36	15	2
百分比	26.62%	12.34%	3.47%	1.45%	0.19%
16 年检出人数	246	136	50	6	1
百分比	23.72%	13.2%	4.89%	0.58%	0.096%

表 6-3　学校新生心理干预前后状况比较

总分或因子分	2015 年筛查结果	2016 年筛查结果	检验（p）
躯体化	1.46±0.47	1.47±0.51	>0.05
强迫症状	1.91±0.60	1.88±0.64	<0.05**
人际关系敏感	1.76±0.62	1.70±0.58	<0.01***
抑郁	1.58±0.58	1.56±0.61	<0.05**
焦虑	1.63±0.57	1.57±0.63	<0.01***
敌对	1.63±0.62	1.53±0.72	<0.01***
恐怖	1.52±0.59	1.48±0.61	<0.01***

续表

总分或因子分	2015年筛查结果	2016年筛查结果	检验（p）
偏执	1.59±0.54	1.58±0.57	>0.05
精神病性	1.51±0.50	1.53±0.53	>0.05
其他	1.55±0.53	1.51±0.51	<0.05＊＊＊
总分	145.04±44.67	137.24±48.34	<0.01＊＊＊

注：＊＊有显著差异　　＊＊＊有非常显著差异

对比国内同类中职学校的调查的结果（有比较严重心理问题的学生占比20%以上），苏州职业技术学校2015级新生的总体心理健康发展水平还是比较稳定、较为乐观的。这可能与生源层次有关。苏州市的职业教育近年来发展迅猛，职校学生就业前景较好，苏州职业技术学校也是首批江苏省高水平示范性职业学校，所以入校新生素质较高，对自身有着更多的自信和认同，对新环境的适应性也更强一些。

虽然苏州职业技术学校2015级新生的心理健康水平高于一般中职学校，但是根据SCL-90筛查总分及各因子得分与常模比较，学校新生状况与全国青年常模的所有项目都有极为显著的差异，因此我们依然需要努力加强心理教育。总体来说绝大部分中职的新生是作为中考的失败者进入职校学习的，在个人、家庭、学校和社会的各种综合因素的影响下，他们更容易出现各种心理问题。

从各因子平均得分来看，强迫症状、人际关系敏感、焦虑和敌对位于前4名，这与中职新生的心理特点基本一致，也与前人的研究结果基本一致。

2. UPI问卷结果分析

第二次UPI问卷的测试结果如下：结果异常的新生占比16.6%，符合第一类筛选标准的占测试人数的27.9%，学校的新生心理健康水平和全国青少年水平基本一致。在SCL-90测试筛查出的"高危"对象中，UPI测试结果依然是"高危"的占比为75.68%；UPI测试结果正常的占比为8.1%；还有16.22%的样本未能通过测谎。从结果来看，UPI 的筛查效果还是不错的，与 SCL-90 的测试结果相印证，可以较好地筛选出问题学生，但是其中未能通过测谎的 16.22% 的样本是否与之前的筛查和访谈有关，则需要我们进一步的研究。

（二）父母养育方式对新生心理健康的影响重大

父母是孩子的第一任老师，家庭教育的好坏直接影响孩子的一生，所以我们在筛查中采用了父母养育方式评价量表（EMBU），用于了解学生家庭情况和父母的养育方式。结果发现父母养育方式对新生心理健康存在极为重大的影响。在 SCL-90 问卷检出的可能有比较严重心理问题的 128 人中，EMBU 的 11 个条目得分都显示父母的教育方式较为适当的只有 12 人，占总人数的 9.28%。绝大部分可能有比较严重心理问题的学生都反映父母有多个条目教育方式不当（表6-4）。显而易见，在家庭中孩子一旦失去了父母的关爱，哪怕即使只是孩子以为父母排斥自己不再爱自己了，那么他的心理就极有可能产生严重的问题。家庭因素成为新生心理问题的重要影响因素，这样的问题也成为当前学生心理异常的一大特征，需要引起的关注。

表 6-4 可能有比较严重心理问题的 128 名学生中父母养育方式评价量表统计

因子	高分出现人数（比例）	低分出现人数（比例）
父亲情感温暖、理解	1（0.78%）	12（9.38%）
父亲惩罚严厉	52（40.63%）	20（15.63%）
父亲过分干涉	24（18.75%）	0
父亲偏爱	0	40（31.25%）
父亲拒绝、否认	44（34.38）	12（9.38%）
父亲过度保护	8（6.25）	17（13.28%）
母亲情感温暖、理解	0	18（14.06%）
母亲过干涉、过保护	24（18.75%）	4（3.16%）
母亲拒绝、否认	42（32.81%）	17（13.28%）
母亲惩罚严厉	65（50.78%）	16（12.5%）
母亲偏爱	5（3.91%）	28（21.88%）

（三）学校应该加强心理健康知识普及工作

经过一年的研究我们发现：在校中职新生中虽然有严重心理疾病的并不多见，但是一般性的心理问题确实高发。所以我们的心理工作的重点应该放在会出现一般性心理问题的广大学生上，采用多种形式提高中职新生的心理健康水平。

（四）新颖的、体验式的、非说教的教育可以取得更好的效果

通过一系列的心理干预的尝试，我们发现：新生对各种心理教育活动都比较感兴趣，但是新颖的、体验式的、非说教的方法可以取得更好的教育效果，我们应该加强这方面的实践与研究，采用例如心理拓展活动、心理微电影、沙盘游戏活动等形式。

三、研究措施

（一）健全机构，完善制度，构建学校心理健康教育网络体系

建立健全学校心理健康教育工作机制，制订和完善相关规章制度。同时逐渐加强和完善心理辅导室的人员配备和建设。设置相应的个体咨询室、团体辅导室、沙盘游戏室、心理书籍杂志阅览区等。创造向全校学生提供心理健康辅导服务的良好条件。

1. 完善心理干预机制

学校开展新生心理筛查和干预已有多年的经验，在此基础之上，我们制订完善了新生心理危机干预预案。心理干预需要及时地了解和发现，并不是靠专职心理老师就可以做到的。因此我们的心理干预预案是下发给全体教师的，力求做到全员参与。根据新生的情况将预案分为三类：无异常、一般问题和高危，针对每一类都制定了详细的干预方案。

2. 制定了新生手册

除了对有问题的学生及时进行干预和转介之外，我们非常重视对无异常学生的引导，虽然他们没有心理异常但是面对新的环境和学习方式，他们还是需要及时适应的。因此我们将新生心理手册发

放到每一位学生手上，告诉他们可能会遇到什么样的问题，如何去解决，让他们即使将来遇到问题也知道如何应对。同时我们也将学校各机构设置、生活设施、周边银行、超市、交通等信息在手册上告知新生，让他们能更快地适应环境。

3. 构建更受学生欢迎的网上心理交流平台

经过多年的实践，我们发现网上心理交流这种隐蔽而高效的交流方式更受学生欢迎。学校使用心海心理软件建设了心理网站，这个网站集心理测试、心理知识宣传、心理咨询预约和网上咨询功能于一身。心理网站开放以来获得了学生积极关注和广泛好评。同时开通了名为"心驿园"的微信公众号，及时开展宣传推广，并将新生心理干预手册简化为"新生攻略"，使之成为微信公众号的重要内容。新生只要操作手机，就可以了解学校环境设施、周围生活交通情况，参与学校心理活动及心理咨询。微信公众号经过近一年的运营，关注人数近2 000人，组织了多次大型心理活动，大大加强了心理教育的影响力。学校还效仿各地心理咨询中心的模式，建立了"舒老师"值班QQ，"舒"与"苏"发音相似，又代表着舒适舒心，建立之后深受广大学生欢迎，QQ咨询数量日益增加，大大超过了面询的人数。

（二）根据心理筛查结果开展全面的心理干预

1. 面向全体学生，开展多种方式的心理教育

对于筛查中没有异常的学生，我们全面开展心理教育促进他们身心全面发展。除了常规的心理讲座、心理社团和"525心理健康节"活动之外，学校还利用班主任的力量，在班级中开展了心理拓展、团队活动等活动，让新生学会沟通，建立良好的人际关系，形成团队意识，融入班级并学会应对心理问题的方法。

2. 针对一般问题学生，有针对性地开展心理干预

被分类为一般异常的新生为心理筛查中部分项目超标但不严重且未发现攻击或自杀倾向的新生。此类新生对于新的环境仍然有一定的不适应，或者当前正被某些问题所困扰，但程度并不严重也不

太可能引发极端事件。发现此类情况，所在班级班主任应积极关注此类新生，及时了解情况，推荐他们前往心理老师处，引导其尽快适应环境，解决困扰。班主任也可在专职心理老师的指导下开展有针对性的心理班会，帮助他们认识环境、融入环境。

3. 针对高危新生开展心理干预并及时转介

被分类为高危的新生为心理筛查中部分项目超标严重（如SCL-90总分250以上），发现有严重攻击性或自杀倾向的新生。此类新生对于新的环境极不适应，或者当前正被某些问题严重困扰，可能引发极端事件。发现此类情况，所在班级班主任应高度关注此类新生，及时了解情况，但不要将测试结果告知该生。先进行2~3周的密切观察，如发现异常情况，立刻上报学校，并通知家长到校通报情况，及时转介到相关专业心理治疗机构。如果2~3周的密切观察之后未发现以上情况，应联合心理咨询室进行心理访谈，了解该生的真实情况，做出有针对性的心理干预。并再次进行心理健康筛查了解该生情况，班主任应保持持续的高度关注，加强与家长联系，全方位、多角度入手，促进该生健康成长。截至目前，成功转介高危新生6人，未发生因心理问题造成的校园事件，为了提升心理干预的效果，我们尝试用沙盘游戏的方式进行干预，用非语言的方式来了解他们的心理状态，帮助他们宣泄和释放自己的不良情绪，让他们在游戏过程中不断自我整合与成长。

（三）开展家庭系统教育

我们筛查结果发现父母养育方式对新生心理健康存在极为重大的影响，家庭教育中急需解决的是家长和孩子沟通不良的问题和家长教育理念的偏差问题。学校的重点是引导家长改变原有的不良的家庭教育方式，让家长学会有效沟通，树立正确的教育理念。为了达成这个目的，我们除了常规的家长会，家长讲座之外还做了一系列活动的尝试，让家长参与到学校教育活动中来，潜移默化地改变他们的观念，增进他们的教育能力。

1. 邀请家长参与学校教育

学校每年开展以家长、学生为主体的丰富多彩的德育主题活动。学校组织家长成立了军训家长观摩团，观看新生军训的汇报演出，还开设全市德育公开课，获得了家长们的一致好评。学校邀请家长走进学校，参与教学，主题班会请家长走进课堂已成常态，同时教师将每次上课的内容转发在微信群里，让家长也能从中感受。

2. 彩虹之星的评选

学校以"小一点，近一点，实一点，精一点，美一点"的德育理念，开展"彩虹之星"评选活动，其中"彩虹之星"之一的德育之星，是由家长根据学校工作和孩子的教育成效来评选的，让家长们认知到自己的重要性，获得满足感。

3. 开展大型家庭教育讲座

学校举行了家长学校大型公益讲座，让家长成为快乐的学习者。300多名家长齐聚一堂，共同聆听苏州大学心理学专家的讲座，活动受到家长们的一致好评。

4. 组织亲子拓展

学校组织以家庭为单位的户外拓展活动，在活动过程中，教师与家长有更多机会相会互相了解和鼓励，从而建立真正的伙伴关系，很好地促进了家校教育的相互协作。

5. 举行"苏州好家长"座谈会暨分享直播活动

学校举行了"苏州好家长"系列活动，此次活动是"苏州市家庭教育课程项目"的主题活动之一，活动共分两项模块，其一是家校合作育人座谈会，另一个是"好家长"经验分享视频直播。观看直播的其他家长们纷纷表示，分享的经验对家长教育孩子非常有帮助，感谢学校提供了学习良好经验的机会，相信苏高职的家校合作育人会越来越有实效性！

（四）运用先进理念和设备加强心理干预效果

学校组织教师学习先进心理理念，添置先进的心理健康教育设备，在多个方面进行了尝试。

1. 沙盘游戏治疗的尝试

沙盘游戏是目前比较流行的新兴心理干预游戏,我们尝试使用之后,发现它在反映学生情况,改善学生不良状态方面有很大的作用。刚走进心理辅导室,很多新生会生出紧张和不安,出于自我保护的本能,他们中的很多人不愿敞开心扉暴露自己的过往。在这样的情况下,我们从沙盘游戏开始,不需要过多的语言表述,用沙具营造出的沙盘世界来直观地展示内心世界,引发他们的兴趣,卸下他们的防御心理,从他们创造的沙盘世界入手,建立起良好的咨询和访问关系,逐步打开他们内心的重重壁垒,为之后的心理干预打下坚实的基础。

2. 校园心理剧的拍摄

所谓校园心理剧就是将学生学习生活中遇到的情景搬到舞台上来,通过心理剧中的剧情冲突给学生以启示。首先,可以让他们合理化自己遇到的问题,发现原来这些问题大家都会遇到,不是我一个人"有病";其次,可以在剧情发展中让学生学习面对和解决问题的方法。学校现已完成系列心理剧两部,在播放过程中学生反响极佳,很多新生都认为这样的教育方式比过去纯粹的讲座说教生动有趣。

3. 催眠放松设备的采购

2015年以来,学校加大投入,采购了很多先进的心理健康教育设备,包括:团体无线减压系统、身心反馈训练系统和催眠椅等。这些先进设备可以直接收集人体的呼气、心跳等身心指标,根据这些指标采用音乐、意向创设、阿尔法波等形式帮助新生放松身体、调整状态及增加积极暗示。设备投入使用以来,效果显著,获得了多位来校专家的一致好评。

五、研究成果

在本课题的研究过程中,学校完善了心理辅导室各项制度,先后建立了苏州高等职业技术学校心理辅导室值班制度、危机干预预案、特殊学生档案管理与干预方案、新生入学心理健康教育及心理普查工作实施方案等制度。从多个角度出发开展了一系列面向学生、家长的心理教育活动,有面向全体学生的"525心理健康节",有针对部分学生的团队沙盘体验,有针对学生个体的心理干预,有针对技能大赛选手的赛前放松讲座,也有面向家长的家长课堂。全方位的心理干预取得了良好的效果,学校本年度没有学生因为心理问题发生意外或违纪事件。

本课题的研究成果获得了心理专家与上级教育部门的好评,课题组成员发表省级以上论文8篇,具体情况见下表,其中《中职新生心理筛查及干预研究》获2016年苏州市职业教育科研论文评比一等奖,拍摄的心理微电影《职校不烦恼》获苏州市心理剧评比三等奖。本研究开展系列家庭、系统教育活动,让家长参与到学校教育中来,受到了家长的一致欢迎和好评,社会媒体也争相报道。

表6-5 课题组成员论文发表汇总表

标题	作者	发表刊物
中职新生心理筛查及干预研究	陶华山	—
中职新生心理筛查内容与方法的研究初探	周永强	《吉林广播电视大学学报》(2017.2)
中职校心理问题学生家庭教育方式的调查结果及应对措施	陆家浩	《文化学刊》(2016.8)
以沙盘游戏疗法提升中职新生心理干预效果的实践与研究	陆家浩	《文化学刊》(2016.9)
苏州市职业学校网络心理咨询初探	陆家浩	—
读你千遍 其义自现——班级团队建设撷影	李树森	《现代职业教育》(2016.7)
多子女家庭对中职学生行为习惯影响个案研究	魏佳佳	《求知导刊》(2016.9)
家庭因素对中职学生行为习惯影响个案研究	魏佳佳	《中学生导报教学研究》(2016.11)

六、研究的不足与思考

学校的新生心理筛查及干预的内容与方法总体上还是比较科学合理的，能够比较及时地了解新生的基本情况与心理状态，促进他们身心健康发展。在实行过程中我们也发现了一些问题需要改进。

（一）研究经验不足，专业知识储备不够

由于专业知识支撑的力度不够，沙盘游戏、心理团队活动包等设备的使用没有发挥最大的效用。我们要加强理论学习，组织更多的教师参加市心理教师、心育教研组及苏州市未成年人健康成长指导中心等机构组织的相关培训，不断学习以更有效地为全体新生提供心理支持。

（二）如何有效地深度推进家校合作

家庭教育对孩子一生的学习和发展有着重要影响，这已经是公认的事实。但是目前我国的家庭教育水平普遍偏低，学校少数学生的问题主要是由不良的家庭氛围造成的。在这样的家庭中，改变家长的教育理念是十分困难的，这将成为今后心理工作的重点和难点。

（三）测试问卷 SCL-90 与 UPI 结合使用的方式需要改进

我们发现 SCL-90 与 UPI 测试作用基本相同，我们分两次使用，发现两次筛查出阳性的比例都比较高，以 2015 级 1 122 名新生为例，SCL-90 检出的比例为 26.6%，UPI 检出符合一类标准的占比为 27.9%。就是说两次筛查结果均显示需要进行访谈的新生有 300 多人，以学校的心理咨询室的咨询师配置来看，短时间难以完成的访谈工作。因此我们今后将采用 SCL-90 与 UPI 结合使用的方式，先用 UPI 进行测试，再对 UPI 检出的符合一类标准的新生使用 SCL-90 进行测试。这样可以排除一部分假阳性的新生，提高阳性新生的筛出率。

（四）新生筛查中的假阳性比例比较高

新生筛查中发现的高危学生，假阳性比例为 55.47%，这使得心理老师需要花费大量时间与精力去一一甄别。鉴于此，可以尝试使用画树等投射测验作为心理问卷测试的补充，可以加大投射测验在筛查中的使用力度，从而更有效地发现新生的心理异常。

（五）沙盘游戏的主动干预治疗较少

由于我们自身对于沙盘游戏的理论和实践的学习不足影响了沙盘游戏的实施效果，咨询治疗技术掌握较少使得我们在沙盘游戏过程中大多处于"陪伴者"或"见证者"的角色，很少主动介入干预，影响了沙盘游戏的效果。教师要加强学习，更好地发挥沙盘游戏的治疗功能，推动学生心理健康发展，同时要尝试进行团体沙盘游戏，扩大心理干预对象的范围。更多学生的体验与参与不仅可以提升学生心理干预工作的效果，也可以让教师在实践中不断学习、不断成长。

第二节 "苏北学生在苏州就业心理分析" 实验研究

江苏职业教育经过多年的发展取得了令人瞩目的成就，但是，全省职业学校的发展还很不平衡。为了推进职业教育地区间的均衡发展和职业教育"富民工程"，江苏省加大了对苏北欠发达地区职业教育的扶持力度，从 1999 年开始积极引导苏南地区中等职业学校与苏北欠发达地区开展联合招生，合作办学，推动中等职业教育"南北合作"，均衡发展。"苏北学生在苏就业"课题由此产生。近几年来，苏州经济发展水平较高，特别是随着信息化建设和高新技术产业的发展，外向型经济方兴未艾，独资、合资、合作、民营、私营企业发展势头强劲，需要大量经过技能培训的职校毕业生，苏州本地的生源远远不能满足当地的需求，此项合作形成了"'职教移民'，南北共赢"的可喜现状。

"南北合作"是指苏北职业学校与苏南职业学校本着互利原则

自愿结对（一对一或一对多），合作采取苏南与苏北联合办学和订单式培训的"北输南接""北招南训"的办法，实行"1+2""2+1""1.5+1.5"的办学模式，苏北学生在当地完成文化基础课学习任务后，转入苏南职业学校学习专业和实践课程，并在苏南地区安排就业，通过扩大职业学校对农村特别是对苏北农村的招生规模，从源头上减少农村新增剩余劳动力，做到了"转移一人，致富一家"。江苏省苏州职业教育中心校从2000年开始异地招生，至今已招收3 000余名苏北学生，其中有半数仍在苏北联办学校学习，另一半在苏州继续深造或参加毕业实习和就业。专家认为，此种方式既解决了苏北学生的升学问题，又解决了其就业问题，对苏北学生大有裨益。

几年的实践证明，南北合作是提升江苏职业教育整体水平和实现均衡化发展的一条有效途径，是寻求职业教育新的增长点和发展模式的一项有益探索，是一项富有创新意义的改革工作。

一、研究目标

总结苏北学生的生理、心理、生活习惯等特点和现代社会对人的素质要求；从职业学校学生学习特点和现状入手，将心理健康教育的计划性、针对性和随机性相结合，充分认识和发展苏北学生的心理潜能，提高苏北学生的心理素质，增强他们的就业竞争能力。

二、研究步骤

本课题研究总时限为三年，分三个阶段运作。

第一阶段（2002.9—2003.9）为启动研究阶段。本阶段的主要工作是：制定研究方案，分解细化研究目标，通过调研心理健康教育的各类活动，取得阶段性研究成果，并进行交流。

第二阶段（2003.9—2004.9）为中期研究阶段。本阶段的主要工作是：继续全面展开研究实验，探索心理健康教育的途径、方法，并进一步取得实效性的良好成果，形成中期成果报告，进行总结交流。

第三阶段（2004.9—2005.9）为结题阶段。本阶段的主要工作是：继续开展实验研究，使有关学生的心理健康水平有较为明显的提高，从而构建起苏北学生心理健康素质体系的基本框架，实现研究目标。同时提交结题报告。

三、研究方法

实验法、个案研究法、对比交叉法、文献法、社会调查法等研究方法。

四、研究措施

2002年9月—2003年7月，在2000级电子技术（3）班进行实验，在学生中进行生活习惯、心理等方面的调查。（2000级电子技术（3）班是学校第一批"南北合作"的如东班级）

2003年9月—2005年7月，对2000级电子技术（3）班毕业生——刘小晶同学进行个案跟踪研究。

自2002年9月起，就苏州市劳动力市场对职校生要求，特别是对苏北毕业生的心理健康要求进行新闻、文献的收集、归纳。

五、研究成效

近三年的实验研究及跟踪调查，从学校苏北学生学习、生活、实习阶段特点和现状入手，注重"实效性、有效方法"七个字，尽可能地把心理健康教育的计划性、针对性和随机性结合起来，尽可能地充分认识和发展学生的心理潜能，以提高苏北学生的心理素质，从而进一步增强了苏北毕业生就业竞争能力。

（一）适应苏州经济发展，更新苏北在苏学生就业观念

随着我国社会主义市场经济体制的逐步完善和我国教育体制改革的不断深入，用人单位和毕业生都已走向市场，实行"伯乐选马"和"跑马场选马"的双轨用人机制。这种趋势为毕业生提供了更加广阔的就业领域，同时也使毕业生面临更加激烈的就业竞争形势。那么作为苏北来苏的中专生如何正确择业呢？

现实告诉我们，苏州社会产业结构调整以及经济体制改革决定了就业方向的多元性，要求苏北毕业生要彻底改变就业工作中的"等、靠、要"的想法，更新就业观念。苏北毕业生要有自主自强、艰苦奋斗、勇闯市场、顽强创业的新观念，要树立竞争意识、流动意识、创业意识。只有这样，苏北学生在苏才能找到更多的就业机会。

（二）"只要能吃苦的，坚决不要懒的！"

在一场招聘会上，不少企业喊出了这样的招聘口号，在现场引起了很大的震动。在招聘现场，来自苏北的学生受到了用人单位的青睐，现场30多家苏南地区的用人单位中，有九成多都将苏北学生的自荐材料收入了自己的人事招聘档案袋中。很多用人单位称："我们只要苏北的学生！"一家用人单位的负责人说，之所以对苏北的学生感兴趣，是因为苏北大多数学生从小就吃苦耐劳，踏实肯干，特别珍惜工作机会，用这样的人，企业很放心。而来自苏南或者其他地方的一些学生，由于种种原因，缺乏这样的吃苦精神，有的时候还自视甚高，心浮气躁，往往在入职后不久就会以种种理由离开，让用人单位措手不及。另一家用人单位的领导说，前两年他们从人才市场招聘了一批中专生，很快他们就发现，来自苏北的学生非常敬业，工作状态和业绩明显要好过一些"惯宝宝"，现在几个苏北的学生已经坐上单位中层干部的位置。所以，现在他们到市场招聘，就点名要来自苏北或者其他贫困地区的毕业生。

只要能吃苦的，而非唯文凭和名校论，这是人才招聘的一个新

变化，这说明现在很多用人单位对人才的认识开始趋于务实。用人单位注重毕业生是否能吃苦，看起来是将招聘条件降低了，实则不然，这个要求是对毕业生更为严格的考察。能吃苦，是一种精神状态，也是一个人的基本素质，更是一个人能否做成一项事业的基本前提。现在，用人单位的务实选择，表明他们接纳毕业生不再注重外在的东西，而是更看中他们在精神层面的表现。这就提醒已经和即将毕业的学生，培养自己不怕吃苦的精神很重要，如果还是躺在温床中，就将品尝到待业之"苦"——这样的"苦"更为苦涩！

（三）掌握苏北学生特点，做好就业心理素质教育

职业学校要达到预期的教育目标，做好毕业生就业心理素质教育显然是十分重要的。不少苏北学生进了职教中心，既无升学压力，又没有苏州学生生活富裕，难免产生懈怠、自卑的心理，这是苏北在苏职校学生生理、心理发育还未完全成熟的表现。众所周知，良好的身心素质及组织、表达、宣传、社交、协调、审美、应变等综合能力是职校毕业生适应社会的保证。针对在苏苏北学生生理、心理的实际特点，建议学校从一年级抓起，在苏北学生来苏后的入学教育中安排军训、专业培养目标教育，让学生明确自己将来干什么，为谁服务，在校应掌握哪些本领，应具备哪些素质等，从而使苏北学生及早做好心理准备，及时确定自己的奋斗目标，制订自己的学习、生活计划。二年级时学校要重点加强世界观、人生观、价值观和法律常识教育，帮助苏北学生成长为对社会、对人民有益的人。三年级时进行职业道德教育，让学生学会做一个合格公民，毕业后做一个诚实、守信、爱岗、敬业的好职工，同时进行创业意识和就业政策教育。此外，还要通过主题班会、社团、青年志愿者、心理咨询等活动，使学生心理处于顺畅、自信、振奋状态，有成才欲望和创业信念，勇于独立思考，敢于质疑求新，以冷静的态度面对现实、审视人生。可以采取"走出去、请进来"的办法，重视苏北毕业生在苏的跟踪调查工作，及时反馈信息，发挥榜样的力量，结合成功就业的先进典型，促进苏北毕业生良好就业心理的

形成。

  关于此研究还有两点思考：一是谁来帮助苏北在苏学生更新就业观念？如何更新？二是苏北在苏学生知道自己的优势和自己的劣势吗？苏北学生在苏就业既有吃苦耐劳的优势，也有自卑等心理劣势，只要扬长避短，重视就业心理素质教育，树立竞争、流动、创业意识，苏北毕业生在苏就业前景就一片光明！

第七章 以文化人

第一节 从弘扬"和合文化"看构建和谐学校文化

"和合"是中华传统文化中被普遍接受的哲学概念和政教伦理概念,我们称之为"和合精神"或"和合文化"。和合文化源远流长,是中华文化的精华。

和的初义是声音相应和谐,合本是上下唇的合拢、结合的意思。春秋时期,和、合二字相连构成"和合"范畴,"和合"蕴含着不同事物及其因素的相异相成和紧密凝聚。"和合文化"所揭示的内涵与唯物辩证法的"对立面的统一性"是一致的。

在中国文化思想史上,各家各派无不讲和合。孔子以和作为人文精神的核心,强调"礼之用,和为贵"。孟子讲"天时不如地利,地利不如人和"(《孟子·公孙丑下》),把人和作为最重要的因素。即使是宗教文化思想亦讲和合,佛教讲"因缘和合","诸法因缘和合生"(《大智度论》卷三一)。和合的理念经长期演变,被人格化,成为民间崇拜对象,出现和合二神或和合二仙。和合纵贯在中国文化思想发展史上各时代和各家各派之中,成为中国文化思想中被普遍接受和认同的人文精神,并贯穿于自然科学、社会科学、人文科学之中,以及国家与国家、民族与民族的关系之中。

虽然"和合"曾经被历代各派各家所运用,儒、道、墨、法、佛等诸家对"和合"都有自己的观点,这些观点都有其不同的阶级背景和时代背景，然而"和合"本身也要和合，正由它能融异纳新、与时俱进，而为各家各派所认同。对于各家各派不同的观点，我们用历史唯物主义的观点来梳理、辨别、扬弃，可以从多样性中抽出一个共同的合理内核，即"和为贵"的和合价值观：天人（生态）和合、社会和合、家庭和合、身心和合乃至"万邦咸宁"（《易传》）——天下和合。这种和合和谐的价值观，是我们所要弘扬的和合文化的精髓。

弘扬和合精神，促进各民族平等互助、团结合作、共同繁荣，以"一国两制"推进祖国和平统一，以公有制和按劳分配为主体、多种所有制经济共同发展，并存互补的经济体制改革思想等，就体现了中华民族和衷共济、兼容并包的传统精神，是中国传统政治哲学在新的历史条件下的运用和发展。

党的十六届四中全会提出"和谐社会"这个新概念，从国家的角度来看，和谐社会构建是一项复杂系统工程，构建和谐校园是构建和谐社会的重要子系统；从学校的角度来看，构建和谐校园是推动学校更快更好发展的基本条件；从教育的角度来看，构建和谐校园同时也是教育规律的体现。

何谓和谐校园？和谐校园是一种以和衷共济、内和外顺，协调发展为核心的素质教育模式，是以校园为纽带所营造的各种教育要素的全面、自由、协调、整体优化的育人氛围，是学校教育各子系统及各要素间的协调运转，是学校教育与社会教育、家庭教育和谐发展的教育合力，是以学生发展、教师发展、学校发展为宗旨的整体效应。

人类已经进入一个文化繁荣的时代，促进人的发展，构建和谐社会逐步成为现代社会的最高追求，而构建和谐校园作为构建和谐社会的重要子系统，在构建和谐社会进程中扮演着重要角色。建设"和谐校园"，必须从学校文化建设入手，唤起教育者的文化意识，立足于学校实践，着眼于学校未来，积极构建开放、民主、和谐的学校文化，全面提升学校的文化品位。

校园文化是社会文化的一种亚文化，它是以学生为主体，以课外文化活动为主要内容，以校园为主要空间，以校园精神为主要特征的一种群体文化。（高占祥《论校园文化》）构建和谐学校文化就是丰富和发展我国传统的"和合文化"。

那么，怎样构建和谐学校文化？笔者认为，应从以下四方面入手。

一、客观务实的办学理念

和谐是一切事物发展的核心。和谐即美，它是一笔可供开发的精神财富。在学校教育中，通过和谐去寻求一种秩序，使学校与社会、家庭达成默契，形成合力，真正发挥育人的整体效应。

苏霍姆林斯基说过，学校领导首先是教育思想的领导，其次才是行政领导。办学的"理念"是学校文化的灵魂，它源于这所学校的"传统"，又不拘泥于它的"传统"。它是在宏观把握教育发展方向的基础之上的微观思考，对学校的教职员工具有一定的凝聚力、感召力和生命力。同时，它又要具体可感，具有可操作性，易成为大家认同的目标，与教师的发展追求、学生的发展需求相融合，贯穿于学校各项工作的过程中，被全体教师认同和追求，逐步积淀为学校文化。蔡元培先生倡导的北大办学方针——"思想自由、兼容并包"，影响着所有进入北大的人，北大也逐渐成为中国一个传播新思想、新文化的中心，历经百年不衰。这一思想至今已成为北京大学发展的灵魂。

以"和谐"为理念的学校文化，它既要体现学校的个性，又要体现社会发展的时代性，它是学校发展的灵魂，也是学校追求的终极价值。

二、以人为本的制度文化

和谐并非漠视矛盾,并非是你好我好式的一团和气,和谐校园同样需要以人为本、科学、和谐、民主的制度保障。

学校建设人本民主与科学规范相结合的制度文化,目的是让所有教职员工工作、生活在一种规范有序又富有人文气息的环境中。在这种环境中,领导与教师、教师与教师、学生与教师,相互尊重、相互理解、和谐融洽。其实质是强调以人为本的思想与科学管理手段的结合,发展人的主体性,提升人的生命价值,建立富有人文情怀、创新活力与团队精神的制度文化体系。让组织中的成员尽量发挥出生命的潜力。这种制度文化包括学校的教代会制度、教育教学管理制度、质量监控考核制度、学生的行为规范等。

学校制度文化体现在日常管理中逐步形成的管理机构和规章制度上,体现在学校特有的管理理念、人文精神和运行效度上。它的重点是建设之后的运行与参与,具体包括大家对学校制度文化建设的认同,以及它对每一个个体工作的主动性、创造性和实效性的激活。

三、和谐融洽的校园人文环境

首先是教师文化。一方面学校要优化、美化校园的环境,为教师提供舒心惬意的工作环境;另一方面要突出人文环境的建设,搭建民主平台,营造民主、平等、和谐的管理氛围,让教师参与学校的决策与管理,让教师感到"家"的温暖,不以行政命令压抑教师的个性,让教师的精神和人格得到自由的舒展。在教学活动中,给教师充分的自主权,鼓励教师建立自己的教育思想,支持教师进行教改实验,形成自己的教学风格,让教师时时刻刻感到自己是学校的主人。使教师的职业意识、角色认同、教育理念、教学风格、价值取向等,与学校的主体文化协调一致。温馨的氛围,严谨高雅、务实进取的精神应成为学校文化的主流!

其次是学生文化。没有学生参与的校园文化,不能称为学校文化。建设个性完善、人格健全的学生文化,关系到学校培养的人才"规格"。从内容上说,学生文化包括德育文化、学习文化、综合实践活动文化、文娱体育和审美文化、生活与心理卫生文化等。在学生文化建设的实践中,应坚持以"育人为本",坚持发掘人的创新潜能与弘扬人的主体精神相结合,使学生做到:人格上自尊,积极向上求进步;学习上自主,主动参与和探究;生活上自立,主动自理与服务;行为上自律,主动约束与反省。在具体工作中可以组织学生参与《学生手册》的编写、学生社团的组织与管理、班纪班规的拟定等。

对学生中流行文化的动向要进行引导。学生当中每时期都有流行的文学作品、音乐、影视作品、人物、服饰、思潮等,对此学校不应一味反对,而应加以正确引导。比如对于学生中的"追星"现象,应引导学生不要仅仅停留在对明星的生活方式、服饰、发型的模仿,以及对他们成功的惊羡,而要去找寻他们奋斗的足迹,成功的代价。例如,成龙是一位功名成就的演员,可是他成功的代价是流汗、流血甚至可能负出生命的危险,他在演艺生涯中受较重的伤13次,包括胸骨被打裂、移位,头骨破裂、脑出血等。教师应以此教育学生努力克服生活、学习中的困难去追寻属于自己的成功。对于流行音乐,教师一方面要与学生一起欣赏其中一些立意高雅、曲调柔美、活泼生动的作品;另一方面要创造条件使他们获得音乐基础知识,提升他们的音乐鉴赏能力,使他们自觉地远离一些庸俗的音乐,获得高尚的艺术享受。

四、丰富高雅的校园文化

校园文化可分为基础设施文化、人文环境文化等。校园文化建设内容具体包括学校建筑文化的建设，如学校建筑的布局，各种建筑物的命名，校门、大型壁画、校史馆的设计与修建；学校绿化与美化，如学校绿化景点、学校雕塑的创作设计与修建；学校内部的陈设与布置，如学校教学楼、实验楼、图书馆等厅堂的陈设布置，教室、走廊的布置；学校传播设施，如学校标志的设计与制作，校园网、黑板报、橱窗、阅报栏、标语牌、广播、现代信息技术方面的设备设置等。如果这些学校的硬件都具备独特的风格和文化内涵，就能潜移默化地影响师生的观念与行为。

我们研究和合文化，不是复古，不是要让儒学回归，也不是要建立新的文化体系，而是要把弘扬和合文化和建设和谐学校文化紧密联系起来，为构建开放、民主、和谐的学校文化，全面提升学校的文化品位做一些理论探究。

第二节　创新人才培养模式，打造高职文化之校

根据《江苏联合职业技术学院校园文化建设标准》（苏联院〔2009〕8号）、学院《关于开展五年制高职人才培养模式实践研究的指导意见》（苏联院办〔2012〕15号）文件精神，苏州分院高度重视校园文件建设和五年制高职教育人才培养模式实践研究工作，以创新的精神努力做好与企业文化和专业文化的融合，提高五年制高职教育人才培养质量，彰显"五年制高职"特色，促进五年制高职教育持续健康发展。

一、明晰办学理念、打造文化之校

校园文化建设是构建和谐社会的需要，是提升教育内涵的重要途径，是时代精神在学校的反映。我们所理解的文化之校应是"大气之校、大方之校、大师之校、大德之校"，它崇尚"自然、自觉、自信、自律"。

（一）明晰办学理念，凝练办学思想

1. 办学理念是学校的灵魂

在科学发展观的指引下，学校研究了"如何把握五年一贯制高等职业教育与中等职业教育的属性和特征""如何把握高职教育规律"等一系列问题，结合国际上流行的"一个都不能少"的教育理念，经过多年的办学积淀，确立了"用一流的标准办好学校、用服务的理念建好每一个专业、用科学的精神教好每一个学生、用真诚的关爱发展好每一位教师"的"四好"办学理念。

2. 只有拥有先进办学思想的学校，才会拥有不断前行的力量

经过多年的办学实践，学校形成了"德技双馨，手脑并用"的校训，明确了"抢抓机遇、乘势而上、负重前进、争创一流"的办学精神。通过办学思想的凝练与提升，进一步解放了思想，转变了观念，拓展了思路，振奋了精神，推动了学校的科学发展。

（二）加强校园改造、继承文化遗产

学校在校园改造过程中，遵循"体现文脉传承、传递人文精神、彰显高职特色、融合企业文化、表达自然韵味、构建和谐校园"要求，注重历史的传承和创新。

学校苏高工校区2011年进行了全面的校园改造，在此过程中我们保留和修缮了原苏高工的钟簴楼、育才石、兴学碑记、求真苑等景点，此后，苏高工校区又开展了争创"省园林式单位"的工作。另外，校本部的校园改造工作，包括了校史馆的建设。在"省园林式单位"基础上，校本部在校园改造过程中努力争创"省节水型学校"，实现了水、电自动监测与控制，体现环保、低碳、信息化等特点，努力建造绿色校园、数字校园、文化校园。

一走进校门，映入眼帘的是耸立在绿色草坪上的"德技双馨，手脑并用"八个大字，彰显出学校的育人理念和高职办学特色。校园绿化相映成趣，环境宁静优美，道路一侧树木成行，花坛鲜花盛开、红绿映衬，假山、荷花池、"成才林"等体现着苏州园林式的意味。

教学走廊内，著名企业家、百强企业、专业知识介绍以及名人名言等布置合理，壁画雕塑、文化走廊等无不体现出高职校园文化气息。

在实训基地的建设中，学校按照企业生产要求和实际，从设备的安防、生产操作流程、生产区和教学区的划分以及环境色彩等方面着手，建设高仿真的模拟企业生产环境，融合企业文化，让学生走进实训基地就如同走进真正的企业一般。

（三）组建师生社团、丰富文化内涵

为进一步丰富和活跃学校师生业余文化生活，培养兴趣、陶冶情操、体验成功、增强自信、加强交流等，学校广泛开展了师生社团普及行动。

1. 学生社团普及工作

上学期学校共开设学生社团44个，60位教职工参与社团辅导工作，涉及38个班级，参与活动学生1 439人。学生社团的普及不仅为广大同学提供了展示自我的舞台，同时也为学校争得了荣誉。在"苏州市第八届职业学校'五四'文艺汇演"中，学生舞蹈社团代表学校参赛荣获一等奖；学校"梦飞翔"机器人社团被评为苏州市未成年人科技十佳团队；轮滑社团的同学参加第九届苏州市轮滑比赛包揽成年男子组1 000米计时赛的前三名，300米、成年女子组1 000米计时赛第一名，有一名同学入选了市集训队；健美操社团代表学校参加苏州市第十三届体育运动会大中学生健美操比赛获银牌、省职业学校第三届现代职教杯健美操啦啦操大赛团体二等奖。同时，通过对兄弟院校和美国等国外学校学生社团进行比较研究，学校学生社团还需进一步加强制度建设，进一步丰富社团活动，进一步增加经费等。

2. 教职工社团普及工作

学校出台了《教职工社团总章程》后，教职工社团如雨后春笋般诞生，经审核现批准组建了22个教职工社团，346人（466人次）参加，教职员工参与率100%。从学校教职工社团成立、管理工作中我们得到了些许体会：教职工社团"于私于公"都有利，有利于教职工身心健康、有利于学校师资队伍发展、有利于学校发展；"先民主后集中"（先请每一位教职员工填写自己要成立或加入的社团名称，之后学校汇总、组合、公示、微调）的社团成立方法在扩大了教职工参与面的同时也提高了社团的质量以及亲民性、丰富性。在接下来的工作中，学校将在保证社团活动经费及时下拨到位基础上，进一步明确教职工社团活动的时间、地点，加强教职工社团的动态管理、品牌建设、成果展示、社长培训，加强使社团服务学校、服务师生的有效途径等研究工作。

校园文化建设是一个长期过程，苏州分院将按照"以物质文化为载体，以制度文化为保障，以专业文化为引领，以精神文化为核心"的文化建设总体思路，淡泊名利，更加看重人文底蕴的积淀，更加注重校园精神的凝练和弘扬，进一步培养师生的文化自觉，努力塑造有思想、有高度、有厚度的高职文化特色，打造文化之校。

二、创新培养模式、提高育人质量

五年制高职教育是我国高等职业教育的重要形式，是现代职业教育体系的重要组成部分。苏州分院遵循"用科学的精神教好每一个学生"的育人理念，不断探索与遵循五年制高职办学规律，不断研究与创新人才培养模式，帮助学生顺利实现由未成年人到成年人的身份转变，顺利实现从学生到员工的角色转变，顺利实现从课堂学习到车间工作的任务内容转变，培养学生良好的职业道德素质、基础的文化素质和较高的职业技能，实现高质量就业。

（一）深化校企合作

在成功承办"江苏五年制高职教育校企合作论坛"暨工作经验交流会基础上，2011年，学校坚持"办企业心中的职业教育"为校企合作理念，新设立"科技产业管理中心"，进一步完善了校企合作工作机构。学校机电工程系以校企合作为平台，探索开展实训设备运营模式,充分发挥现有设备的最大效能。创新开展了由学校牵头的苏州市创意职教集团工作,深化运作专家工作室,变企业所思所想、所需所求为学校所作所为、所教所学,努力实现学校对接产业结构、专业对接行业企业、师生对接职业岗位的"三层对接",促进校企之间人才、资金、技术和文化的"四个双向流转",进一步探索校企合作的广度和深度。2011年,学校《引企入校:构建校企深度融合发展的新平台》获联院教学成果一等奖。同时,以校企合作为载体,校企共建课程文化、互动性校园文化等形式,搭建校企文化对接平台,探索实现培养目标同社会需求的统一,专业教学同社会实践的统一,学生学习同就业的统一。

(二)开展案例研究

根据联院五年制高职人才培养模式指导意见,各系开展了案例研究实践工作。如信息工程系开展了计算机网络专业人才培养模式案例研究:把学生的五年学习生涯作为一个系统进行规划,引进企业项目,分项目实施,使学生在完成相应项目的同时提升专业技能水平和团队合作能力,表现为"六个一工程",即参加一次社会或学校举办的活动或竞赛;开设一个个人主页或BLOG;创作一个优秀的数码平面设计;制作一个优秀的动画作品;完成一个优秀的毕业生设计作品或优秀论文;进行一次有意义的社会实践,充分发挥了五年制高职学制下学生在校时间较长的优势;又如电子工程系通过校企深度合作,利用美国明导公司的教育特惠计划,创建了DFM实验室,开始了可制造性设计DFM人才培养的尝试与研究;服装工程系以市级精品课程"服装结构设计与制版"建设为突破,积极开展以职业岗位工作为导向的项目式模块化教学;艺术设计系通过对学生进行"艰苦创业""开拓创新""争先创优"的"三创教育"活动,探究精品学生培养模式等。

(三)拓展督导职能

从2011年起,学校督导实现了由常规的"督教"向"督教、督学、督管"多元化转变,进一步从校风、教风、学风三个方面认真实施督导工作。加强督导员队伍建设，促进督导工作从经验型向思考型转变；加强督导制度建设，发挥上情下达、下情上报的作用；建立教育教学信息反馈机制，依托校园网及时发布督导信息；建立学生信息站，发挥学生参与学校管理和自我管理的主体作用。拓展督导职能，进一步加强了校园行为文化、制度文化、精神文化建设。

在今后的工作中，苏州分院将进一步立足初中毕业生的生源基础，定位于高等职业教育培养目标，进一步发掘五年制高职教育优势，优化人才培养方案，深化校企合作，打造文化之校，不断提高五年制高职办学质量，不断推进五年制高等职业教育科学发展。

第三节　班主任与校园文化建设

校园文化是社会文化的一种亚文化，它是以学生为主体，以课外文化活动为主要内容，以校园为主要空间，以校园精神为主要特征的一种群体文化。（高占祥《论校园文化》）

校园文化分物质文化和精神文化两大层面，物质文化是硬文化，包括校园环境、教育设施、教学资料等，是校园文化的基础工程。精神文化是软文化，包括制度、道德行为规范，是校园文化的行为工程。观念文化主要指师生的政治方向、思想意识、价值观念、心理素质，审美情趣，是校园文化的灵魂工程。职业中专学校的班主任参与建设校园的物质文化与精神文化中的制度文化建设的空间较小，所以应立足本职针对中职生的特点，为校园文化中的观念文化建设助之力。

职业中专学校的班主任，应立足本职，针对中职生的特点，开展好引导学生中的流行文化，激发学生的求知欲，指导学生劳逸结合，科学学习，培养学生树立科学的世界观、价值观，促进学生更好地学习专业知识等工作，为校园文化中的观念文化建设助力。

第七章 以文化人

一、学生特点

职业中专学校的学生大多在 15—18 岁，正告别少年期进入青年期。这一时期的学生具有与其的年龄相适应的特征。

首先是自我意识猛醒。这一年龄段的学生意识到自己长大了，有成熟感，渴望同成人平等，对父母、老师会从多角度进行观察，对事物多持怀疑态度，不轻信、不盲从，有了独立的要求；开始发现自己，关心自己内心的活动，反复研究自己，评价自己，有了自我修养的要求，努力使自己更加完美；思考人生、社会和友谊等成长道路上的重大问题，开始形成世界观、人生观。

其次，思维能力有了一定发展。中职生的辩证思维有明显发展，能一分为二地看待人与事物，而不是"非此即彼"，求异思维非常活跃，具有独立性与批判性，对现有答案不是简单认同。

第三，高级情感的迅速发展。中职生情感丰富，不仅发展了多样的自我情感，比如自尊心、自卑感等，而且发展了社会情感即高级情感，如道德感、美感等，具有了热爱祖国、人民、热爱人生的高尚感情。

这些都是中职生特征中积极的一面，另一方面他们缺乏足够的知识和完整的知识体系，缺乏人生经历与经验，缺乏足够的分析问题、解决问题的能力，加上尚未真正成熟、情绪尚未稳定，还不具有事事独立的条件，可以说这个时期是塑造人的最关键时期，因此对他们的引导显得尤为重要，不仅关系到学生的健康成长、成才，而且关系到校园的安定，甚至影响到整个的稳定。

为此，为推动校园观念文化建设，职业中专学校的班主任应立足于社会对学生的要求与学生的实际情况，抓好以下几项工作。

二、引导学生坚定正确的政治方向

校园文化是德育工作的一个重要渠道,《中小学德育工作规程》总则规定:"中小学德育工作必须坚持以马列主义、毛泽东思想和邓小平理论为指导,把坚定正确的政治方向放在第一位。"为此我们要引导学生坚定正确的政治方向。在日常生活学习中,通过教学、举办讲座、主题班会、知识竞赛、班刊团刊、时事报告等形式对学生进行社会主义、爱国主义教育和党的路线、方针、政策教育,使学生具备马克思主义的立场、观点和方法,做到自觉抵制资产阶级自由化和各种腐朽错误思潮的影响。

三、培养学生树立科学的世界观、人生观、价值观

中职生的世界观、人生观、价值观正处于形成时期。在这一时学校应通过故事会、读书活动、演讲比赛、英模报告会、榜样先进事迹宣传教育等形式,对学生进行爱国主义、集体主义以及民主法制和纪律教育,潜移默化地向学生传递"为人民服务""人生在于奉献"等价值取向。采取多样化的教育形式往往可避开学生的逆反心理,使社会对个人的要求,内化为学生的自我要求与行为习惯,从而帮助树立科学的世界观、人生观、价值观。

四、激发学生的求知欲,促进学生更好地学习专业知识

只靠坚持社会主义道路,没有真才实学,还是不能实现四个现代化。无论在什么岗位都要有一定的专业知识和专业能力。学生的主要任务是获取知识,21 世纪,用人单位需要的不仅是专才,还有复合型人才,甚至通才,一般说来,知识越广博就能越多地为社会作贡献,作为班主任应利用校园的文化载体,比如图书馆、多媒

体、社团、兴趣小组、知识竞赛、科技咨询、科普讲座等激发学生的求知欲，带领学生遨游于知识的海洋。

五、指导学生劳逸结合，科学学习

人脑是分区工作的，左半球是优势半球，主管语言和分析功能，抽象思维和数理推算能力较强；右半球形象思维和音感能力较强。所以班主任应指导学生在学习过程中穿插音乐欣赏、体育锻炼、绘画写生等内容，这样就可以使左右半球协调发展，促进学生智力发展。另外学生学习的一个重要的前提是注意力集中，注意力的形成机制遵循神经过程的诱导规律，按照这一规律，每个瞬间都有一系列的刺激物作用于大脑，使大脑皮层产生大量强度不同的兴奋灶。在这些不同的兴奋灶中，最适宜的是具有中等强度的兴奋灶，根据诱导规律，由于它的兴奋，在大脑皮层的相应区域就产生兴奋活动，在焦点的部分具有一个优势兴奋中心，这就是注意力的集中。在这里，旧的暂时联系容易恢复，新的暂时联系容易形成。但是大脑皮层优势区域的兴奋灶是活动的，它不是长时间地保持在皮层的一个部位上，会不断地从一个区域转移另一个区域。一旦注意力转移了，学习效率就会降低，事倍功半。所以教师应教会学生劳逸结合，科学用脑。此外还可根据遗忘的规律，指导学习复习巩固知识，根据记忆的规律，向学生介绍及时记忆、理解记忆、尝试记忆、系统记忆、多元记忆等方法，帮助学生科学学习。

六、引导学生正确看待流行文化

对学生中流行文化的动向要进行引导。学生当中每时期都有流行的文学作品、音乐、影视作品、人物、服饰、思潮等，对此学校不应一味反对，而应加以正确引导。比如对于学生中的"追星"现象，应引导学生不要仅仅停留在对明星的生活方式、服饰、发型的模仿，以及对他们成功的惊羡，而要去找寻他们奋斗的足迹，成功的代价。例如，成龙是一位功名成就的演员，可是他成功的代价是流汗、流血甚至可能负出生命的危险，他在演艺生涯中受较重的伤 13 次，包括胸骨被打裂、移位，头骨破裂、脑出血等。教师应以此教育学生努力克服生活、学习中的困难去追寻属于自己的成功。对于流行音乐，教师一方面要与学生一起欣赏其中一些立意高雅、曲调柔美、活泼生动的作品；另一方面要创造条件使他们获得音乐基础知识提升他们的音乐鉴赏能力，使他们自觉地远离一些庸俗的音乐，获得高尚的艺术享受。

七、带领学生走出课堂、走向社会

要多组织演讲比赛，礼仪、时装表演，社会调查等实践活动，如鼓励学生参加校"十佳歌手"，参与"迎新会演""社会调查"等；结合秋游，开展"江山多娇"社会考察活动；开展"迎世遗会，展苏州风采"摄影活动，发动学生去捕捉苏州的巨大变化，尤其是改革开放以来取得的伟大成就……这些活动充分调动了学生的自主精神，引导他们认识自己、教育自己、管理自己、锻炼自己、展示自己，同时认识社会、了解社会，为他们将来走向社会、服务社会打下坚实的基础。

教育关系着社会主义事业的全局，职业中专学校的班主任应在自己的权责范围内，根据学生的年龄特征、心理特点、思想意识、文化水平、知识结构，对学生进行正确引导，促进学生成为政治过硬，身心健康，全面发展的社会主义接班人。

第四节　加强学生社团文化建设，创新职校德育模式

进入 21 世纪，职校德育工作处在一个全新的时代背景下，社会经济生活的变化对传统的德育组织建设和运行模式提出了严峻的

挑战，新的工作载体和组织媒介应运而生。本节以职校生这一特殊年龄群体为研究主体，从他们生理、心理特点出发，结合学校实践，对职校生社团的成立、建设、管理进行分析，以研究探索学生社团这一新型德育模式。

一、问题的提出

新世纪、新时代、新背景，由于整个社会处于一个大变革时期，社会经济生活的变化对传统的德育组织建设和运行模式提出了新挑战。职校生是初中毕业生中学习成绩偏下、思想政治水平不高、自控能力较差的这部分学生，故我们德育今天所面临的对象有其独特的特点。职校生大多15—18岁，生理上正告别少年期进入青年期，生理器官基本发育成熟，各项机能已趋完善，青春期生理特点开始显现；从心理上看，他们自我意识猛醒，思维能力、高级情感迅速发展，自信，有个性，渴望得到鼓励、肯定、表扬，希望并善于show出自我、展现自我……

近期，学校团委在调查问卷中发现：有79.9%的同学知道学校有学生社团；有56.5%的同学希望参与社团活动；有22.6%的同学有成立社团的意向；如果新社团成立，有63.5%的同学会积极参加……这一组数据说明，当前学生社团日趋活跃，已经成为职校生实现素质拓展的重要平台，成为学校德育工作的重要载体和主阵地之一。但目前学生社团的制度、管理等建设亟须加强；而且当前德育工作的复杂性和艰巨性，又迫使我们进一步重视、关注职校生社团的发展，进一步加强对其的管理和引导。

二、概念的界定

学生社团是学生为实现成员的共同意愿和爱好自愿组成，并按照其章程开展活动的业余学生组织。学生社团活动都是由学生从自己的兴趣、爱好出发,结合学习、生活实际,自愿选择的对象性活动;是学生认识世界、改造世界以及探索人生的重要实践活动。随着以德育为核心的素质教育的实施,学生的课外活动越来越被全社会所重视,学生社团也经历了从 80 年代的蓬勃活跃转向沉寂又如雨后春笋般发展起来的过程。由于职校生社团具有较强的自主性,因此,加强对学生社团管理和引导,需要从职校生的实际情况出发,对社团制定一系列科学的规章制度,同时采取合理的调控方式,使学生社团走上规范化、制度化的轨道,引导社团积极发展,使德育工作在社团活动中起到实效、落到实处。

三、社团建设的意义

党的十六届四中全会提出构建"和谐社会",构建"和谐校园"作为构建和谐社会中起着基础性作用的重要子系统,在构建和谐社会进程中扮演着重要角色。苏霍姆林斯基提出要把学生培养成为"全面和谐发展的人,社会进步的积极参与者",也就是说,我们要把学生培养成为符合社会发展之需的"社会人"。要实现这一培养任务,就必须积极发挥学生在教育的各个方面的主体作用,不仅在课内,在课外也要充分发挥学生的主体作用。学生社团的活动正是在课外发挥学生主体作用和提高学生素质、综合能力的有效载体,是构建和谐校园的重要组成部分,是反映和谐校园的重要标志之一。

首先,学生参与社团活动,有助于培养健康积极的兴趣、爱好,发挥自己的潜力,从而不断成长。由于参与社团活动的前提是学生自愿选择,而学生在选择社团的时候往往又是从自己的兴趣出发。教育心理学认为,学生的兴趣往往就是活动的内在动机,对活动有持续作用,特别是在认知活动中,当学生的某种积极的需要得到满足后,其兴趣不但不会减弱,反而会更加丰富和深化,产生与更高的认知活动水平相应的新的兴趣,而这种兴趣又会导致新的认知活动的内在动机,促使学生不断努力去实现自己的目标。社团活动就是这种促使学生不断追求更高目标的有效形式之一。

其次,有助于培养学生的主体意识,锻炼学生的管理能力。学生社团是学生自我组织、自我管理、自我学习、自我教育的一种形式。社团的原则、制度规章和活动的内容都是民主、平等、生动活泼的。每一个成员都是组织的主人,都有权利参与管理组织活动,有义务为组织的生存发展作贡献。这样的机制非常有利于培养社团成员的主体意识,调动社团成员管理的积极性,树立市场经济的意识,提高管理能力。

再次,有助于让学生通过活动,找到归属感,体验成功,增强自信。人无完人,对于曾经"屡战屡败"、现正在不断成长的职校生来说更是至关重要。苏霍姆林斯基认为,所谓和谐的教育,就是把人的活动的两种职能配合起来,使两者得到平衡:一种职能是认识和理解客观世界,另一种职能就是人的自我表现。社团活动给了学生一个自由发挥的空间,有不少学生在这个空间中得到了有着共同志趣朋友的支持,使自身的表现获得他人的认可,从而体验到成功。因此,加强社团活动对塑造学生完善人格有着重要作用,是培养"社会人"有效途径之一,也是实施和谐教育的重要途径之一。

四、社团建设的现状

(一)当前学生社团的主要特点

在科学技术日新月异的今天,学生社团的特点主要表现在以下四个方面。一是多样性。当前职校生获取知识的渠道拓宽了,信息时效性大大增强,这就使得他们的兴趣爱好内涵十分丰富,由此以理想兴趣为动机和纽带的学生社团也表现出种类繁多的特点;二是时尚性。青年亚文化的特点决定了中学生永远是潮流的追随者、时尚的拥护者,他们追逐梦想,向往创造,因此,学生社团的组合、构建和运作也带有潮流的特征;三是自主性。自主地决定学生社团的发生发展情况是学生社团生存的标志性要素。自主性不仅是学生社团内涵的显性特征，而且也是学生们强烈的期待和呼唤；四是开放性。这表现为已告别自我封闭的当代职校生越来越渴望打破围墙、增进交流、走向社会的路径和渠道。随着技术平台的演变和思想观念的更新，学生思维与实践的视窗不断扩展，由此，职校生社团之间的校校联动成了一种必然的选择，开放式的社团活动有效地促进了资源整合，使社团充满新意和朝气。

（二）当前社团存在的主要问题

从发展历程来看，学校学生社团经历了从小到大、由少到多、由慢到快的发展历程。在最初的起步阶段，我们通过网络、调研、走出去等方法来学习相关知识，在此基础上，自2005年以来，学校团委坚持"深进去，跳出来"和"抓大放小"的工作原则，在深入学生社团工作实际，深刻全面了解学生社团发展状况和工作规律的基础上，就学生社团发展的大方向、大原则有的放矢，提出决策依据和指导建议，进行宏观管理。在具体工作中，则鼓励学生社团依据自身的特点和实际情况因时制宜、因地制宜。到目前，学校学生社团已发展到近50个，社员千余人，这些正在成长中的学生团体，不可避免地存在着一些问题。一是社团发展不够平衡，良莠不齐，社团间"贫富差距"大。二是社团活动有头无尾，雷声大雨点小，搭了台子唱不出好戏。活动的规划缺乏系统性和目标性，品牌意识淡薄。部分社团仅凭一腔热血起家，不顾学校现实，不讲究活动实效，活动往往呈现忽冷忽热的现象。三是组织结构不健全，管理制度不配套，分工不明确，思想不统一，指导意见不能贯彻落实。四是社团负责人缺乏组织建设意识、管理意识、学习意识和危机应对意识，依赖性强、独立性差，自身能力不足。社团负责人不注意社团骨干的梯队建设，忽视新成员培训和管理，社团后劲不足、昙花一现。五是社团文化缺少积淀和延续性，出现断层。社团发展缺乏长远的规划和有章可循的运作机制，大多数社团没有明确的组织理念和战略目标来引导和支撑社团发展。这常常造成社团负责人一换届，整个社团建设又从头再来。

五、进一步加强社团建设与管理的策略

（一）依据

1. 当前加强学生社团建设的必要性

建立于现代技术基础上的"新教育"的出现，使教育的目的和内容都进一步丰富。在教育目的上，学校以教育作为个人全面和终身成长的助手作为方向；在教育内容上，始终贯穿"成长即学习，生活即教育"的思想。学生的社团活动正是适应"新教育"目的、符合"新教育"内容的，促进学生实现自我教育的有效载体。社团活动使学生实现在成长中学习，在生活中获得教育，在社团实践中放飞自己的梦想。学生在社团活动中习得的知识，获得的能力，将成为其终身学习、实现梦想过程中的重要组成部分。

2. 当前加强学生社团建设的可行性

首先，以德育为核心的素质教育的全面实施、中共中央国务院《关于进一步加强和改进未成年人思想道德建设的若干意见》《江苏省中等职业学校德育工作督导评价标准（试行）》以及苏州市教育局关于《三项规定》等文件的颁布为学生参与形式多样的课外活动提供了良好的环境和制度保障。其次，新的技术平台——信息技术尤其是互联网的出现为社团活动提供了有利的学习条件。新技术平台打破了时空限制，使教育可以服务于个性化，使学生在社团活动中可以实现充分发展自己的个性。再次，学生社团活动基本利用学生课余时间开展活动，具有形式多样、规模可大可小、活动机动灵活、方便操作等特点。同时学校的各种专业，为学生社团活动提供了师资保障。

3. 当前加强社团思想建设的重要性

学生社团自主性的特征与中学生正处在科学"三观"形成关键期之间的矛盾决定了我们必须加强对其思想上的正确引导。随着

传媒的发展，社会上的各种思潮对中学生的影响时刻存在。学生社团是学生自主建立和运作的组织，如果缺乏正确的思想引导，原先在活动中积极的、正面的因素可能会转而起到相反作用。因此，要通过思想上的引导使学生学会用科学的观点来判断事物，使对学生的公民道德要求内化为其自身的品德素养，从而保证使社团活动在正确思想指引下实现其积极的意义。

在以上思想的指导下，针对问题结合实际，我们认为对职校生社团进行德育，进一步加强建设与管理，尤其应在管理制度和方法上进行改进是非常重要的。

（二）策略

1. 制定出台科学的规章制度

学生社团的规章制度，是对学生社团明确可控性导向的保障，不仅要对社团的活动频度、要求做出具体规定，还应提供相应的经费、硬件等支持，使社团发挥对学生的德育、服务功能，真正成为学生实现素质拓展的天地。

为了健全和完善学校学生社团的管理体制，促进和保障学生社团积极健康的发展，学校团委报请学校党委批准，特制定出台了江苏省苏州职业教育中心校学生社团管理条例。该条例共十章五十五条，包括社团的成立、注册、活动开展、财务管理等方面都做了详细的规定，例如第三章第九条规定[1]：学生社团的成立由校团委审批。凡未经正式登记或未履行审批手续的社团，属非法社团，学校将予以取缔，由此产生的不良后果由当事人自己负责。第三章第十条规定：成立学生社团，须具备下列条件：第一，有6名（含6名）以上的学生联合发起，发起人必须具有开展该社团活动所必备的基本素质，且未受过校纪校规处分；第二，有规范的社团名称和相应的组织机构；第三，有社团指导老师负责日常业务指导；第四，有规范的章程。

---

[1] 苏州高等职业技术学校《学生社团管理条例》，2006年版，第2页。

学生社团管理条例，有力保障了各社团合理、规范、有序的良性运作，为德育提供了基础性、刚性的制度支持。

2. 成立专门管理机构

在对各社团调查问卷进行科学分析基础上，联系社团实际，结合德育的时代性、规律性，学校于 2006 年 12 月 8 日创造性的召开了第一届学生社团代表大会，民主选举产生学校第一届社团联合会常务理事会，来统一、科学、规范管理学生社团。

社团联合会是全校学生社团大会的简称，是全校学生社团的最高权力机构。学校社团联合会的组织制度为理事制，所有经申请批准成立的社团均为社团联合会理事，社团联合会的日常工作机构为社团联合会常务理事会。常务理事会由三人组成，其中理事长、副理事长、常务理事各一人。常务理事会三名理事通过每年一度的学生社团代表大会民主选举产生，全部由学生担任，任期一年。社团联合会常务理事会在校团委指导下全面负责学校各社团的具体相关工作。据我们所知，各中学有各种性质的社团，但对社团进行统一管理的社团联合会却很少，全部由学生来担任社团联合会负责人的更是少之又少，我们很高兴在此做一些探索，以求总结经验、不断创新。

3. 加强隐性控制

职校生正处在科学"三观"形成的关键时期，将社团作为载体，对参加社团的学生加强思想引导是落实德育工作的一条有效途径。在对社团的引导上，指导教师从德育工作的针对性、实效性出发，积极探索切实可行的方法，将德育目标渗透于丰富多彩的活动之中。在对学生社团的管理上，不采取听之任之、不加干预的态度；也不能采取完全包办，不重视学生的主体作用的方式；应在管理的过程中，加强隐性控制，将显性的目标隐含在活动之中，通过创设积极的氛围，用科学的手段，对学生进行引导，从而使其在活动中不断习得知识，获得能力，不断提高自身素质，完成育人目标。

六、成效初显

学校认真贯彻"用科学的精神教好每一个学生"的教育理念，不断加强学生社团的管理与建设，通过七年的实践与探索，成效初显。不管是以文化娱乐为主的浅层次实体文化形态，还是以求知型、思辨型为特征的高层次精神文化形态，学校通过积极采取措施为学生社团开展活动搭建舞台，拓展空间，提供机会，并在实践中对学生社团活动的开展模式、德育功能进行积极有效的探索，在一定程度上培养了学生社团干部的组织管理能力，为广大青年搭建了展示自我、秀出自我的舞台，寓德育于社团活动之中，寓管理于社团活动之中，寓快乐于社团活动之中，极大地丰富了广大同学的校园文化生活，营造了积极向上、健康快乐的校园氛围，为广大学生的可持续发展奠基。

我们将在逐步理顺各方关系、整合多方资源的基础上，初步形成以"社团文化节"和"社团在线"两档精品栏目为主线的社团活动模式，有效地促进学生社团活动的蓬勃开展。

七、加强学生社团建设的启示

通过对美国等国外学校学生社团管理比较研究，我国学生社团管理的指导思想、制度建设与活动开展的确还存在一定的差距，还有必要在以下几个方面加强认识。

1. 从上而下要进一步重视学生社团工作

学生社团作为培养学生成长成才的重要阵地，其建设与发展必须得到校党委、校行政与全体教育工作者的高度关注与重视，加强对学生社团的领导和管理，支持和引导学生社团自主开展活动；要将学生社团组织与社团活动纳入学校教育、教学的整体规划；要在确保学生社团政治导向正确的前提下，允许多种类型的学生社团组织存在。

2. 要进一步增加经费投入

要加大学生社团专项经费投入力度，要为学生社团开展活动提供必要的物力、财力保障；要鼓励学生社团积极利用专业优势和团队优势组织面向师生和社会的各种服务项目；要支持学生社团为筹措经费广辟渠道；要规范学生社团寻求社会赞助行为；要加强对学生社团经费使用的指导与管理。

3. 要进一步加强制度建设

学生社团组织强调灵活性与人本管理，同时，离不开制度管理，制度管理最为科学、规范、有效。要按照"严而不死、活而不乱"的原则加强学生社团制度建设；要不断完善学生社团成立审批、年度注册审核、重大活动申报等基本制度；要为学生社团的发展提供战略性发展方向与规范性操作程序。

4. 要进一步丰富社团活动

学校要支持学生社团积极开展各项活动，丰富社团活动载体，拓展社团活动空间；要引导学生社团活动提高社会化程度，增强社团的社会适应性；要强调社团活动形式与方法的创新，不断满足学生的文化需求；要扩大社团活动的参与面，吸引更多的学生参加学生社团与社团活动。

春风化雨，润物无声，让我们广大职校生在走近社团、了解社团、支持社团、参与社团的过程中，实现知识的交流、技艺的切磋、思想的碰撞、感情的激荡，让我们同仁共同努力，以研究探索学生社团这一正在现代社会中逐渐萌生的新型德育模式。

第八章 他山之石可以攻玉

"他山之石，可以攻玉"（《诗经·小雅·鹤鸣》），意思是其他山上的石头，可以用来琢磨玉器。

古代励志向上的哲人们向来提倡向他人学习，汲取他人之长。孔子曰："三人行，必有我师焉。择其善者而从之，其不善者而改之。"主张"不耻下问""见贤思齐"，他自己"入太庙，每事问"。荀子在其著名的《劝学》中更是把学习看作站在他人肩膀上对自己的提高，他说："君子生非异也，善假于物也。""善假于物"就是善于向他人学习，善于借用他山之石来磨砺自己。荀子认为此乃君子生成之路径。

如果说本书前面七章是笔者20年来教育教学、德育管理的实践探究，那么本章就是笔者兼任江苏省职业院校德育视导专家、无锡市职业学校综合督导专家等工作期间，向兄弟院校学习的成果和思考。一个人的成长与成才离不开虚心地向他人请教与学习，学校的立德树人工作更离不开与兄弟院校交流与互鉴。正所谓泰山不让土壤，故能成其大；江河不择细流，故能就其深。因此，笔者提炼了综合督导、德育视导及教学大赛评审中兄弟院校立德树人工作中的经验和精华，整理了本章内容。立德树人的根本任务是全体德育人共同的、包容的、开放的、共享的任务，他山之石，可以攻玉。

一、他山之石之德育视导

根据江苏省教育厅、江苏省人民政府教育督导团《江苏省中等职业学校德育工作督导标准（试行）》（苏教职〔2012〕30号）、《关于开展2014年江苏省职业学校德育工作视导的通知》（苏教办职〔2014〕12号）文件精神，2014年和2015年，笔者与江苏省职教学会德工委李国龙秘书长、苏州高等职业技术学校党委赵益华副书记等省德育专家受江苏省教育厅委托，对江苏省扬中中等专业学校和启东市第二中等专业学校等兄弟院校德育工作情况进行了专项视导。视导组听取了学校领导汇报，对学校食堂、学生宿舍、法制教育宣传基地等校园环境进行了实地察看，查阅了德育工作过程性资料，随堂听课2节（主题班会课1节、德育课1节），组织召开了教师座谈会、班主任座谈会、学生座谈会3场座谈会，与学校校长、分管德育的副校长、德育处主任及部分德育教师进行了谈话，对教师、班主任、学生进行了问卷调查，笔者从中提炼了兄弟院校关于立德树人方面的优秀成果，总结如下。

（一）江苏省扬中中等专业学校德育工作

学校秉持"活力教育、生态校园、幸福师生"的办学理念，坚持"德能并举、服务社会"办学方向，德育理念先进、育人目标明确、德育制度健全，总体呈现出昂扬进取、积极向上的良好精神面貌。学校围绕"做一个幸福的职业人"的育人思想，引导学生树立正确的幸福观，让学生懂得幸福、感知幸福、创造幸福，形成了"幸福德育"特色。

1. 懂得幸福

（1）班会教育主题化，帮助学生了解幸福内涵

学校根据不同年级的学生幸福观意识的不同特点，设计了专门的班会课教案，精心设计、认真组织，每节课"让学生抬头、让学生微笑、让学生有为"，把个人幸福与他人幸福、社会幸福联系起

来，让学生成为活动主体，体会情感交流的幸福，激发对生命的热爱，发现人生幸福的内涵。

（2）专题讲座实用化，服务学生开启幸福钥匙

学校成立了由校领导、中层干部、德育教师、企业领导、退休老同志、公安民警、消防战士、卫生部门人员等组成的德育工作宣讲团，每周利用校园电视台和"国旗下讲话"等平台为全体学生开展社会主义核心价值观、八礼四仪、职业素养、社会公德、法制、心理健康的专题讲座，开启学生幸福人生的大门。

（3）实习管理立体化，搭建学生幸福人生桥

学校建立了学校、企业、家庭的立体式三方协管模式，强化班主任家访、到企业回访制度，及时掌握学生身心动态。学校通过定期召回制度和联合培养制度与相关实习企业一起开展生产安全、敬业乐业等职场教育，让学生珍惜当下幸福生活。

2. 感知幸福

（1）育人过程全员化，倾注爸爸妈妈般的幸福关爱

学校形成了社会、家庭、学校三位一体的全方位、立体式德育管理网络，定期举行"校园开放日"活动，特别是学校和扬中市政法委共建了省内一流的法制教育宣传基地。学校全体党员开展了"党员四联系工程"，全体教师开展了"百名教师进百家访百生"活动，与后进生、贫困生、单亲家庭学生开展"一帮一"活动，让每个学生得到关爱、享受幸福，让每个老师成为学生成长过程中"爸爸"和"妈妈"。

（2）思想教育学分化，记录幸福成长

学校积极推行"德育学分制"，记录着每个学生的成长轨迹，建立了学生综合素质测评制度，测评结果记入学籍档案，定期对进步生、特长生进行表彰。一方面可以客观地评价每个学生，另一方面可以对每个学生的日常行为起到了规范作用，让学生感受到自己成长过程中点点滴滴的幸福。

(3) 后进生管理档案化，"期待"式的幸福转化

学校建立了后进生管理档案，制订个性化的教育目标，实施个性化的教育措施，提高了后续跟进教育的有效性，让每个后进生能够感受老师的关心和爱护，让每一个家庭在幸福德育中对未来的生活充满期待，这种期待，是对个人幸福的期待，更是对家庭幸福的期待。

3. 创造幸福

(1) 寓教于乐活动化，拓展幸福德育时空

学校精心设计各类主题教育活动，每年开展校园科技节、艺术节、体育节，每周开展文学、音乐、舞蹈等社团活动，其中剪纸社团推动了地方非物质文化遗产保护工作。给视导组印象深刻的是国家公祭日，学校并没有因为12月13日正逢双休日而放弃教育机会，而是提前到12月9日举办相关活动。在丰富多彩的主题教育活动中，学生学会了审美，学会了创新，加强了社会意识，创造了幸福，拓展了幸福德育时空。

(2) 学生管理自主化，体验幸福德育本质

学校注重加强学生会管理，引导学生在管理他人时管好自己，在教育他人时教育自己，在日常管理中寻找自己的幸福。学校学生会被评为镇江市先进学生集体，学校青年志愿者小分队走进社区、服务社区，在实践中管理自己、锻炼自己、提高自己，在帮助别人的过程中体验幸福。

(3) 学生参与成果转化，搭建幸福德育平台

学校通过各级技能大赛、文明风采、创新大赛、"金钥匙"比赛、读书活动比赛等，制作专门展台把学生的作品和成果在全校展示和宣传，让每个参与者感受到成功的喜悦和参与的幸福。同时，学校通过开展演讲赛、校园十佳歌手赛、体育竞赛等活动，搭建"show我平台"，让学生通过努力体验成功，使学生懂得创造和奋斗的过程同时就是享受幸福的过程。

人生幸福德育护航，学校致力于这样一种教育理想——让幸

福的德育培养幸福的学生,让每个学生变成幸福的人,让每个人度过幸福的一生。学校在地方拥有较高的社会声誉,近几年学校先后被评为省职业学校德育工作先进集体、江苏省德育工作特色学校、江苏省平安校园、镇江市禁毒示范学校、扬中市人民满意学校等。

(二)启东市第二中等专业学校德育工作

1. 德育理念有特色

学校从实际出发,提出了"和雅教育",以"彩绘学生的人生起点"为己任,以"让学生成为创造幸福和幸福生活的人"为宗旨,引领学生做文雅校园人、孝雅家庭人、优雅社会人、高雅职业人,做到"外表优雅、内涵博雅、谈吐文雅、举止典雅、情趣恬雅、气质高雅"。"和雅教育"是有特色的教育品牌,初步构建了和雅文化,这一德育理念彰显了启东市第二中等专业学校专的个性,体现了启东市第二中等专业学校专德育人的朴实。

2. 德育队伍建设有实招

启东市第二中等专业学校树立了"输不起"理念——输不起学生的美好时光,在启东市第二中等专业学校做班主任是一件不容易的事情。学校严格执行班主任选聘筛选制度,即采用教师书面申请—学生处建立班主任人才信息库—学校"班主任聘任小组"审查确认—班主任人选与高三教师人选一起优选聘任的流程来选聘班主任学校以对学生负责的态度坚决不让不合格的教师走上班主任岗位。同时,为进一步加强加快班主任队伍建设,学校务实地开展了让中层管理干部挂职班主任的工作,管理重心下移,对一线班主任切实起到了"传、帮、带"的作用,取得了良好的效果。

3. 德育制度有个性

近年来,启东市第二中等专业学校专相继制定了《学生十项评比制度》《后进学生行政结队帮教制度》等制度,其中最有个性的是设计"制度文化化"。学校从"和而不同,各雅其雅"的理念出发,制定实施了一系列个性制度,例如,设有情绪假项目——无论教师因家庭、社会、学校何种原因处于情绪低落、情绪波动、情绪失控等情绪不佳状态时,若恰巧又遇到自己没课,便可以向学校请情绪假;亲情假——当教师爱人、父母过生日时,教师直系亲属生大病住院时,学校可以特批教师享受亲情假;学生权利公约——学校充分发扬民主,学生可与教师平等对话,被教师批评时有解释的权利,保护每位学生的自尊心;等等。

4. 德育校本教材有亮点

学校以对口单招班级为试点,在南通市教育局的统一要求下,开齐开足德育课程,编制了校本教材《中职生就业与创业指导》《中职生国学经典选读》《中职生安全教育》《中职生心理健康》等,这些校本教材深入浅出地向学生讲述文明礼仪和安全知识。学校不仅将校本教材作为国规教材的补充,还依托校本教材单独开设选修课,充分保障德育课堂的授课时间。教育内容的系统性,施教群体的广泛性,内容渗透的自然性,全员育人的参与性和方式的多样性,大大提高了德育教育效果。

5. 德育工作有实效

启东市第二中等专业学校专通过创设丰富的平台,开展多彩的活动,让每个学生找到一方属于自己的天地,扎实有效的德育工作促进了学生的成长,也使学校收获了社会的肯定和信任,德育成效得到了彰显,主要表现在:学生有积极向上的精神面貌、老师有爱岗爱生的工作态度、学校有极高的社会认可度,先后被评为江苏省文明单位、江苏省德育工作先进学校、南通市最安全学校、南通市中小学德育测评工作优秀学校等。

二、他山之石之综合督导

为贯彻落实全国、省、市职业教育工作会议精神,加快建设现代职业教育体系,提高职业教育办学水平和服务经济社会发展能力,笔者与沙洲职业工学院钱东东院长、无锡旅游商贸高等职业技术学校秦榛蓁校长等督导组专家受无锡市政府教育督导室委托,于2018年和2019年分别对无锡机电高等职业技术学校和江阴市华姿中等专业学进行了综合督导。督导期间,通过听取学校自评汇报、实地考察校园、教学实习实训基地、查阅台账资料、召开师生座谈会、校级领导中层干部教师代表访谈、随堂听课、观摩学生社团和素质教育活动、师生问卷调查等,笔者深入思考、虚心借鉴兄弟院校立德树人工作的成功做法和宝贵经验,收获颇多。

(一)无锡机电高等职业技术学校德育工作

无锡机电高等职业技术学校是一所以数控、机电、电子信息三大专业群为主体的五年制高等职业学校,是首批国家中等职业教育改革发展示范学校。笔者认为,学校秉持"学校有特色才有生命、教师有特技才有权威、学生有特长才有出路"的办学理念,在德育工作、文化建设等方面取得了令人瞩目的成绩,在全市、全省乃至全国处于领先地位。

1. 追求卓越创新,办学成效显著

学校坚持以立德树人为根本,以服务发展为宗旨,以促进就业为导向,矢志创新,追求卓越,持续推进学校高质量发展。学校主要领导办学理念先进、创新精神饱满、管理经验丰富、工作作风扎实,是职教领域的领军人物、杰出校长;班子成员结构合理、职责明确、团结务实、锐意进取;广大干部教师同心协力,敬业精进,有较强的学习力、执行力。学校制定完善了章程,修订汇编各项管理制度,积极构建现代学校治理体系和机制,充分发挥党组织的政治核心、战斗堡垒作用,充分发挥教代会、团(学)代会等依法治校、民主监督的作用,充分发挥理事会、教学工作委员会和学术委员会等咨询服务、事务管理的作用。近年来,学校取得了突出的办学业绩,曾先后荣获全国教育系统先进集体、职业教育先进单位和江苏制造突出贡献奖、高技能人才摇篮奖,先后被评为江苏省高水平示范性职业学校、高水平现代化职业学校、现代化示范性职业学校、文明单位、德育特色学校、德育先进学校、科学教育特色学校等。

2. 坚持立德树人，学生成长出彩

学校牢固树立"以生为本"的育人理念，创新探索"四我五位7S"学生综合职业素养培育路径，助力学生成长。学校专门编写《"位""我"喝彩：让优秀成为习惯》学生素养教育读本，以现代企业员工"7S"素质为要求，引导学生在学习生活的五个不同空间里，激发自信、注重学业、唤醒责任、倡导奉献。实践成果被主流媒体宣传报道，获第五届全国教育改革创新典型案例校长奖、江苏省人民政府和全国机械行业指导委员会教学成果特等奖。学校通过劳动礼仪值周、心理健康教育、文明风采大赛、感动无锡机电十佳学生评选等特色活动，构建"全员、全程、全方位"德育机制，搭建"自我管理、自我教育、自我服务"育人平台。学校促进学生多元发展、人人出彩。截至2017年，在全国职业院校技能大赛中获得48个一等奖，在江苏技能状元大赛中出了6个项目的"状元"。学校连续获得"江苏省职业院校技能大赛特别贡献奖""江苏省职业院校技能大赛先进学校"称号，获得无锡市人民政府集体嘉奖。

3. 注重文化浸润，构筑精神家园

学校紧紧围绕社会主义核心价值观，以高尚优秀的精神文化引导人，以独具特色的文化环境陶冶人，以人文民主的制度文化塑造人。结合校园改造、景观建造、墙面布置、共读经典、制度修编等工作，精心培育"机电文化"的生命力、感召力和竞争力，构建师生共同精神家园。学校赋予"三特"办学理念以新的时代内涵，确立了"诚信勤韧"的校训，"进德修能、力行致知"的校风，"勤学致用、乐学致远"的学风和"为人师表、敬业乐群"的教风。特别是用简约质朴的语言表述教职员工"忠诚、守职、爱岗、勤勉、团结"的价值观，出版专著《走向"和·合"：现代职业学校的治理探路》，每年编辑校长荐书的读书心得，升华职业精神，凝练教育品格。通过建设具有时代特征、地域特色、学校特点的校园文化，不断增强师生的凝聚力，学校连续十年获评市教育主管部门绩效考评优秀等第。学校作为国家首批"职业院校数字校园建设实验校"和首批"江苏省职业学校智慧校园"建设单位，立足应用，科学谋划智慧校园建设。

（二）江阴市华姿中等专业学校德育工作

江阴市华姿中等专业学校是一所从事园林技术、农业机械使用与维护、机电技术运用、汽车运用与维修、电子与信息技术等专业技能人才培养的省三星级中等职业学校。学校秉持"忠信勤俭"的校训，确立了"围绕现代农业办学"的办学方向，形成了以"农业技术为核心，信息技术、汽车技术、机电技术为支撑"的专业群建设体系。学校积极探索技术技能型人才培养模式，以"育新农村建设的践行者"为目标，把传统"农耕文明"和"礼乐文化"的精华融入现代德育管理之中，积极服务区域经济发展，形成了自己的办学特色。

1. 坚持正确办学理念，不断提升学校内涵

学校坚持党对教育工作的全面领导，全面贯彻党的教育方针，在"顺应形势、抓住机遇、负重拼搏、创新发展"的办学精神引领下，主动服务江阴"以现代农业为基础、新兴产业为先导、先进制造业为主体、现代服务业为支撑"的经济产业发展战略，以创建江苏省优质特色学校为目标，凝聚人心、苦练内功、追赶先进、创造条件，不断提升内涵。积极探索现代学校制度建设，实行校长负责制，教职工全员聘用制、绩效考核奖惩制，坚持党政联席会议、行政会议、教师会议、教职工代表大会等民主决策制度，结合自身办学定位和特色逐步形成学校的制度文化，并坚持依法治校、依法施教、强化管理、完善考核、确保办学质量和服务水平得到有效提升。近年来先后荣获"无锡市依法治校示范校""无锡市平安校园"等荣誉称号。

2. 推进课程建设，专业技能教学初见成效

学校坚持以能力为本位，以职业实践为主线，以理实一体教学为手段，积极推进专业技能课程建设；依托名师大师工作室，打造专业技能教学团队；充分利用已有实训实习设备，严格训练、规范教学；融合职业资格、技能等级、技能大赛为一体，以赛促教、以教融赛；适应岗位需求、生产需求、职业需求，努力提升学生专业技能素养与水平。还依据"1+X"证书制度试点的精神，尝试建立"1+X"的跨专业技能培养体系，以学习生活的基础、生存的技能、生命的意义为导向，在教师擅长的、跟生活密切相关的、能凸显工匠精神的专业领域研究并开发零基础的技能训练课程（图像处理、艺术插花、榫卯构造、手工编织、三维建模、定向测量等），通过第二课堂、选修课程、社团活动等供学生选择学习，从而达成帮助学生深入了解职业教育、拓展学生专业兴趣、增强专业能力的目的。近三年在全国职业院校技能大赛中获一等奖2个，二等奖1个，三等奖2个；在省技能大赛中获一等奖9个。2016、2018、2019年获得"全省职业学校技能大赛杰出贡献奖"，2019年获"全国职业院校技能大赛杰出贡献奖"。近年来，学校先后获得了"江阴市文明校园""江阴市文明创建先进集体""无锡市素质教育基地""江苏省优秀共青团组织""全国国防特色学校"等荣誉称号。

3. 践行立德树人，促进学生全面发展

学校坚持立德树人为根本，牢固树立"以生为本"的育人理念，通过深化无锡市职业院校学生核心素养提升创新项目——"礼乐德育"文化品牌建设，以"礼"之秩序，规范学生良好行为；以"乐"之和谐，引领学生乐享生活，将"礼乐"内化于心、外化于行，增强了学生民族文化自信。通过建构学生管理"六条线路"，探索班主任"五心行动"（爱心、耐心、细心、责任心、事业心），凝聚家庭、学校、企业、社会四方合力，形成全员、全程、全方位"三全"育人机制，助力学生成长。通过制定完善《学生

德育素质积点管理办法》《学生日常行为养成"十个好"》等制度,开展"新时代优秀好青年""青春五月""成人仪式""走进社区""星级宿舍"等活动,将德育工作想到细处、落到微处、抓到真处、干到实处,促进学生多元发展、人人出彩。

参考文献

专著

[1] 陈桂生. 中国德育问题 [M]. 福州：福建教育出版社，2006.

[2] 范树成. 多元化视阈中的德育改革与创新 [M]. 北京：中国社会科学出版社，2010.

[3] 黄志成. 西方教育思想的轨迹：国际教育思潮纵览 [M]. 上海：华东师范大学出版社，2008.

[4] 季羡林. 季羡林读书与做人 [M]. 北京：国际文化出版公司，2009.

[5] 姜大源. 当代德国职业教育主流教学思想研究：理论、实践与创新 [M]. 北京：清华大学出版社，2007.

[6] 刘旭东，张宁娟，马丽. 校本课程与课程资源开发 [M]. 北京：中国人事出版社，2002.

[7] 马兰霞. 提升班主任领导力 [M]. 南京：江苏凤凰科学技术出版社，2014.

[8] 檀传宝. 德育原理 [M]. 北京：北京师范大学出版社，2006.

[9] 王攀峰. 走向生活世界的课堂教学 [M]. 北京：教育科学出版社，2007.

[10] 王玉德. 文化学 [M]. 昆明：云南大学出版社，2006.

[11] 西伦. 制度是如何演化的：德国、英国、美国和日本的技能政治经济学 [M]. 王星，译. 上海：上海人民出版社，2010.

[12] 郑金洲. 教育文化学 [M]. 北京：人民教育出版社，2000.

[13] 中华人民共和国教育部. 中等职业学校物理课程标准 [M]. 北京：高等教育出版社，2020.

[14] 钟启泉，崔允漷，张华. 为了中华民族的复兴　为了每位学生的发展：《基础教育课程改革纲要（试行）》解读 [M]. 上海：华东师范大学出版社，2001.

学位论文

[1] 白宏亮. 中美大学生志愿服务比较研究 [D]. 哈尔滨：东北林业大学. 2009.

[2] 郝飞飞. 优秀传统文化在青少年思想政治教育中的缺失及对策 [D]. 大连：辽宁师范大学，2013.

[3] 贾效明. 中国传统文化与思想政治工作融合论 [D]. 北京：中共中央党校，2016.

[4] 李娜. 利用扬州人文资源开展初中语文综合性学习研究 [D]. 扬州：扬州大学，2014.

[5] 林晓. "温州本土文化"地方课程的开发与实施研究 [D]. 南京：南京师范大学，2006.

[6] 刘炳. 我国高校学生社团治理研究 [D]. 沈阳：沈阳师范大学，2008.

[7] 陆婷婷. "宜兴名人文化"中职语文校本课程的开发与实施研究 [D]. 苏州：苏州大学，2014.

[8] 马怀专. 美国高校服务学习模式及其对我国大学生社会实践的启示 [D]. 长春：东北师范大学，2011.

[9] 潘勇军. 高职院校公益型社团建设研究：以湖南 X 高职学院为例 [D]. 长沙：湖南师范大学, 2010.

[10] 曲英梅. 计算机辅助中师物理教学（CAI）应用研究 [D]. 济南：山东师范大学, 2005.

[11] 王怡秋. 高中物理力学教学生活化的研究和实践 [D]. 苏州：苏州大学, 2011.

[12] 徐宝玺. 高等职业院校校企合作研究：以天津中德职业技术学院为例 [D]. 天津：天津师范大学, 2012.

[13] 杨婷. 石渠县基础教育援助公益服务设计研究：以虾扎乡为例 [D]. 无锡：江南大学, 2012.

[14] 岳慧芳. 教师专业共同体的知识管理研究 [D]. 北京：首都师范大学, 2008.

[15] 郑金凤. 大学生志愿服务的实践育人功能及其实现路径研究 [D]. 福州：福建师范大学, 2014.

[16] 卓高生. 当代中国公益精神研究. [D] 广州：中山大学, 2009.

期刊

[1] 蔡乔莉. 传统家训文化中的思想政治教育资源探究：以《朱子家训》为例 [J]. 山西青年, 2016（20）.

[2] 蔡秀华. 地方乡贤文化与德育校本课程开发 [J]. 中国校外教育, 2014（4）.

[3] 陈学雄. 物理教学中计算机多媒体辅助教学的设计与运用 [J]. 教育探索, 2004（5）.

[4] 陈叶娣. 高职专业课程双语教学的实践 [J]. 职业技术教育, 2008（29）.

[5] 陈媛. 创新型公益实践活动对高校公益社团发展的启示 [J]. 南方论刊, 2013（5）.

［6］戴晓雪，黄婷婷. 中职学生的心理健康状况分析与对策［J］. 当代职业教育，2010（11）.

［7］邓槐. 校企合作背景下中职学校德育实践与探究：以东莞市电子科技学校为例［J］. 广东教育（职教版），2013（10）.

［8］邓志新. 高职校企合作模式的国际比较.［J］. 深圳信息职业技术学院学报，2011（4）.

［9］丁存善，王荃，卢嘉静，等. 校企合作培养高职高端技能型人才的研究与实践：基于泰州职业技术学院口腔医学技术专业个案分析［J］. 中国职业技术教育，2015（23）.

［10］高德胜. 生活德育简论［J］. 教育研究与实践，2002（3）.

［11］郭晓萌. 打造职业教育的一把金钥匙：西方现代学徒制之析［J］. 教学管理与教育研究，2017（3）.

［12］韩文雅，章兴鸣. 参与视角下大学生社会公益困境的分析与破解［J］. 湖北函授大学学报，2010（4）.

［13］何伟. 五年制幼师生物理核心素养的内涵和提升途径［J］. 科技视界，2017（19）.

［14］核心素养研究课题组. 中国学生发展核心素养［J］. 中国教育学刊，2016（10）.

［15］胡秀锦."现代学徒制"人才培养模式研究［J］. 河北师范大学学报（教育科学版），2009（3）.

［16］胡颖蔓. 当前高等职业院校学生党员发展工作的调研与对策［J］. 天津职业大学学报，2004（5）

［17］黄瑞."四问"核心素养：从思辨走向落实［J］. 今日教育，2016（12）.

［18］简卡. 名人文化在思想政治教育中的价值及功能：以遵义市为例［J］. 法制与社会，2018（27）.

［19］姜伏莲. 地方高校新生UPI调查结果的比较与分析［J］. 心理科学，2004（2）.

[20] 李冬翠. 淡谈物理实验教学中观察能力的培养 [J]. 物理教学, 2000 (12).

[21] 李霞. 高校教师在学生志愿服务中的作用 [J]. 黑龙江教育学院学报, 2013 (03).

[22] 李衔. 关于高职院校校企合作模式的研究 [J]. 实验技术与管理, 2014 (11).

[23] 刘明涛. 区域名人文化在大学生思想政治教育中的作用 [J]. 新课程研究, 2013 (3).

[24] 刘萍, 谭朝阳, 高玉梅, 等. 引入计算机仿真的数学物理方法教学构想与实践 [J]. 电脑知识与技术, 2016 (17).

[25] 刘松, 刘颖, 于情. 谈高校学生公益性社团的建设 [J]. 中国成人教育, 2008 (16).

[26] 娄华水. "全人教育"理念下的学校德育生态系统建设 [J]. 中等职业教育, 2009 (4).

[27] 卢榕炜. 浅析高校公益性社团发展的困境和解决对策 [J]. 长春理工大学学报 (社会科学版), 2011 (6).

[28] 马世磊. 校企协同育人模式下就业指导工作的实践与探索: 以龙岩学院测绘工程专业学生就业指导工作为例 [J]. 教书育人 (高教论坛), 2017 (12).

[29] 苗培彬. 高职学院学生党建工作探析 [J]. 成都大学学报 (教育科学版), 2007 (7).

[30] 苗淑杰, 王百成, 党跃轩, 等. 中外校企合作培养应用型人才的探索 [J]. 中国冶金教育, 2010 (5).

[31] 牛红云, 张晓霞. 关于校企合作共育高职高端技能型人才的探讨 [J]. 职业, 2016 (18).

[32] 欧阳媛, 张永敬. 中外高等职业教育校企合作比较研究 [J]. 教育与职业, 2015 (18).

[33] 彭银年, 孟巧红. 产教融合背景下高职院校校企合作办学的思考与实践 [J]. 职教论坛, 2016 (14).

[34] 齐宁. 基于高校学生志愿者管理的创新育人机制研究[J]. 学术探索，2012（8）.

[35] 钱婷. 南京地方文化融入思想政治教育教学研究：以南京工业大学为例[J]. 当代教育实践与教学研究，2018（5）.

[36] 任争恒. 浅谈"名人效应"在思政课教学中的应用[J]. 陕西教育（高教版），2009（5）.

[37] 阮婉莹，邓成. 谈"校企合作—班企共建"对提升90后高职生职业基本素养的作用[J]. 中外企业文化，2014（1）.

[38] 沙永胜. 名人文化研究[J]. 兰台内外，2001（6）.

[39] 尚建辉，王展. 探索建立大学生网络德育工作室的实践与思考[J]. 时代教育，2014（23）.

[40] 邵振刚. 广州社工与志愿者合作服务特点分析[J]. 广东青年职业学院学报，2012（4）.

[41] 沈笑英. 王薇工作室：探寻学校德育的专业化和特色化之路[J]. 教学月刊，2011（12）.

[42] 史艳娜. 中外校企合作制度之比较[J]. 吉林工程技术师范学院学报，2015（5）.

[43] 孙洪洋，严生. 大学生公益社团长效发展机制探究[J]. 北京城市学院学报，2017（1）.

[44] 汤双兵. 对中等职业学校德育内容重要性的分析和思考[J]. 医学研究与教育，2011（2）.

[45] 唐胜楠. 浅析高校公益社团的可持续发展路径：以长三角地区首个减防灾社团为例[J]. 现代经济信息，2015（16）.

[46] 唐燕、丁建庆. 中职酒店专业引入现代学徒制的实践探索[J]. 中国职业技术教育，2014（11）.

[47] 田海斌，李宁. 依托志愿服务社团开展大学生思政工作研究：以辽宁科技大学为例[J]. 江西青年职业学院学报，2013（2）.

[48] 王德军. 刍议多媒体CAI技术在高中物理教学中的运用

[J]. 中国教育技术装备, 2016（9）.

[49] 王芳, 倪勇, 任聪敏. 高职校企合作模式的分析与研究[J]. 高等工程教育研究, 2012（04）.

[50] 王建中. UPI 与 SCL-90 的比较研究[J]. 中国心理卫生杂志, 1995（3）.

[51] 王金辉. 高职院校政、校、企合作办学的"三螺旋模型"分析[J]. 职业技术教育, 2013（35）.

[52] 王丽媛. 高职教育中培养学生工匠精神的必要性与可行性研究[J]. 职教论坛, 2014（22）.

[53] 王士恒. 志愿服务的内涵、功能及模式简评[J]. 江南社会学院学报, 2011, 13（1）.

[54] 王亚利, 温晶晶. 构建全员、全程、全方位育人的"大德育"模式[J]. 中国高等教育, 2012（21）.

[55] 王永丰, 吴龙慎. 浅析高职院校校企合作模式的特点[J]. 职业技术, 2015（1）.

[56] 王兆玮, 张荣梅. 探讨计算机信息技术如何与物理有效结合[J]. 煤炭技术, 2013（7）.

[57] 王振洪, 成军. 现代学徒制：高技能人才培养新范式[J]. 中国高教研究, 2012（8）.

[58] 文建华. 现代学徒制人才培养模式下的高职教学管理体系探讨[J]. 现代交际（学术版）, 2016（21）.

[59] 武智, 曹必文, 傅伟. 高职院校开展现代学徒制的探索与实践[J]. 教育与职业, 2015（25）.

[60] 谢宏武. 校企合作人才培养模式之现代学徒制发展对策[J]. 教育与教学研究, 2013（3）.

[61] 徐慧林. 对话"教学生活化"[J]. 江西教育, 2005（12）.

[62] 徐军. 校企合作背景下高职院校职业素养教育研究与实践[J]. 重庆科技学院学报（社会科学版）, 2014（11）.

[63] 徐善衍. 在构建和谐社会中应进一步发挥社会团体的作用 [J]. 中国科技产业, 2005 (6).

[64] 徐岩. "教学做" 一体化高职教学模式的构建 [J]. 辽宁高职学报, 2011 (10).

[65] 薛小杰. 五年制幼师物理教学现状与对策 [J]. 当代教育理论与实践, 2014 (9).

[66] 闫福华. 校企合作模式下高职学生职业素养培养体系的构建 [J]. 职教通讯, 2014 (14).

[67] 严雪怡. 按照 "人职匹配原理" 培养高技能人才 [J]. 职教论坛, 2011 (1).

[68] 余金聪, 韦威全, 王增珍, 等. 中等职业学校学生心理健康状况 [J]. 中国健康心理学杂志, 2013 (3).

[69] 余思瑶. 高职院校校企协同育人模式的实践探索: 以订单班人才培养为例 [J]. 职教论坛, 2018 (6).

[70] 余志权, 林源章. 爱的教育: 广东惠州市大亚湾第三中学何汝玉校长教育记事 [J]. 中小学德育, 2014 (8).

[71] 袁彦鹏. 大学生公益服务的困境及出路: 论大学生社会化公益组织 [J]. 广东青年职业学院学报, 2014 (3).

[72] 张春平. 中外高职教育校企合作的比较与启示 [J]. 教育与职业, 2013 (18).

[73] 张广贤, 周天一, 左晓琴. 校企合作育人机制的缺陷及创新 [J]. 教育与职业, 2014.

[74] 张文, 高玉柏. 生活化教学的实施策略 [J]. 中国教育学刊, 2006 (10).

[75] 张晓霞. 构建高校学生公益性社团的发展平台 [J]. 学理论, 2013 (11).

[76] 张学岚. 关于实施全员育人导师制的思考 [J]. 学校党建与思想教育, 2012 (8).

[77] 张镒, 柯彬彬. 校企合作办学过程中利益相关者利益博

弈及协调研究［J］. 科技和产业，2017（7）.

［78］赵洁. 名师工作室平台作为"学习场域"路径的优化意义［J］. 教书育人，2016（32）.

［79］赵鹏飞. 现代学徒制的探索与实践［J］. 中国职业技术教育，2013（10）.

［80］赵瑞华，孔君英. 论传统文化的思想政治教育功能［J］. 理论月刊，2011（7）.

［81］赵伟. 学徒制发展的历史逻辑和我国的选择［J］. 中国职业技术教育，2013（10）.

［82］赵学昌. 关于校企合作办学法律制度建设的思考：基于对中央政策与地方立法的梳理评析［J］. 教育探索，2012（4）.

［83］郑丽萍. 发掘地方优秀文化传统中的思想政治教育资源［J］. 济南职业学院学报，2010（2）.

［84］郑仕华. 浙中名人文化资源整合开发的策略研究［J］. 金华职业技术学院学报，2012（2）.

［85］郑秀英，李涵. 全员育人的内涵、意义与策略［J］. 北京教育（高教版），2013（2）.

［86］周吉群. 名人文化在学校教育中的传承和发展：以东坡文化为例［J］. 教育科学论坛，2015（24）.

［87］周伟. 计算机辅助教学在中学物理教学中的应用研究［J］. 数理化解题研究（高中版），2016（9）.

［88］卓高生. 公益精神概念辨析［J］. 理论与现代化，2010（1）.